혁신
차이나

완전한 개혁으로 제2의 도약에 나선
중국 경제를 대해부한다

혁신
차이나

이 책의 편집과 교정은 양은희가, 인쇄는 꽃피는청춘 임형준이, 제본은
은정제책사 양익환이, 종이 공급은 대현지류의 이병로가 진행해 주셨습
니다. 이 책의 성공적인 발행을 위해 애써주신 다른 모든 분들께도 감사
드립니다. 틔움출판의 발행인은 장인형입니다.

초판 1쇄 인쇄 2016년 11월 22일
초판 1쇄 발행 2016년 12월 6일

펴낸 곳   틔움출판
출판등록   제313-2010-141호
주소   서울특별시 마포구 월드컵북로4길 77, 3층
전화   02-6409-9585
팩스   0505-508-0248
홈페이지   www.tiumbooks.com

ISBN 978-89-98171-29-2 03320

잘못된 책은 구입한 곳에서 바꾸실 수 있습니다.

혁신 차이나

완전한 개혁으로 제2의 도약에 나선
중국 경제를 대해부한다

우징롄 외 17인 지음 | 중앙일보 중국팀 옮김 | 차이나랩 기획

티움

개혁을 통해 양적 성장에서 질적 성장으로

'신창타이(新常態)'라는 말이 중국에서 본격적으로 등장한 것은 2014년 하반기입니다. 좀 더 거슬러 올라가면 2013년 11월 18차 당대회 3중 전회가 나옵니다.

중국공산당은 5년에 한 번씩 당대회에서 당 중앙위원을 선출하는데, 이들이 국정 및 당 주요 현안을 심의·의결하는 회의가 중 전회(中全會, 중앙위원회 전체 회의)입니다. 1중 전회는 당 간부, 2중 전회는 국가 주석과 총리 등에 대한 인선안을 의결합니다. 3중 전회는 지도부 5년 임기 내에 시행할 주요 정책을 결정하고, 4중 전회에서는 공산당의 발전 방향 및 인사 등에 관한 결정이 이루어집니다.

18차 당대회 3중 전회에서 '전면적인 개혁의 심화'라는 표현이 등장하는데, 이 '전면적인 개혁의 심화'와 '신창타이'라는 용어는 맥을 같이합니다. 쉽게 말하면 중국에서 '신창타이 = 개혁'이라고 할 수 있습니다. 한자 그대로 풀면 '새로운 상태'라는 것이지요. 영어로는 뉴 노멀(New normal)이라고 합니다.

2015년 들어서도 신창타이라는 말은 뜨거운 화젯거리였고, 지금도 중국의 개혁 방향을 읽어내는 주요 관전 포인트입니다.

중국 경제는 이미 '개혁'에서 성장의 동력을 이끌어내는 모습을 보이고 있습니다. 중앙정부는 행정 간소화와 규제 개혁을 추진하고 있고, 혼합소유제를 핵심으로 하는 국유 기업 개혁 방안을 마련해 시행 중입니다.

대표적인 개혁은 후커우(戶口), 즉 호적 제도 문제입니다. 지금까지는 후커우 때문에 농촌과 도시 간에 양극화가 심했습니다. 베이징(北京) 후커우, 상하이(上海) 후커우는 돈이 있어도 구하기 어려운 특권을 의미했지요. 이런 문제를 해결하는 데 정부가 나선 것입니다.

금융 영역에서 금리 자율화도 일종의 개혁입니다. 그동안은 정부가 금리를 정해줬지만 이제는 시장에 맡기는 것입니다. 중국의 금리 자율화는 시장의 예상보다 빠른 속도로 진행 중입니다. 기업 등록 간소화, 부가가치세 제도 개혁 등은 이미 효과를 보이기 시작했습니다.

그렇기 때문에 전문가들은 "중국 경제에서 성장지표는 둔화되고 있지만 성장 추세는 여전히 건강하게 유지되고 있고, 양적 성장보다 더 빠르게 질적 향상이 이루어지고 있다"고 분석합니다. 어차피 경제 둔화를 피할 수 없는 상황이라면, 이제는 양적인 성장을 추구하던 과거의 상태를 버리고 질적인 성장을 이끄는 '신창타이'를 실현하는 것이 옳은 판단이라는 거죠. 실제로 그렇게 개혁을 감행하고 있다는 것이고요.

그러나 크고 과감하게 이루어질 앞으로의 개혁에 비하면 지난 1~2년간의 신창타이 개혁은 아직 시작에 불과하다는 이야기도 있습니다. '전면적인 개혁 심화'에 따른 개혁 요구는 날로 시급해지고 있습니다.

중국 내부에서는 "개혁을 위한 제반 조건이 성숙되었다"는 데 어느 정도 공감대가 형성되어 있습니다. 기득권 세력의 방해를 극복하고 핵심 분야에서 개혁을 이루어내야 한다는 위기감도 상당합니다. 중국이 추구하는 개혁의 최종 목표는 무엇일까요? 바로 "자원을 더 효율적으로 분배해 공정한 사회를 이루는 것"이라고 말합니다. 그것이 이 시대에 직면한 중국의 과제라는 것입니다. 성장의 양과 속도뿐 아니라 '질'을 고민하는 모습을 보실 수 있습니다.

신창타이는 2014년 말에 열린 중앙경제공작회의에서 또 한 번 의미를 부여받습니다. 이 회의에서는 "중국 경제의 발전 방향이 '투입에 의존하는 규모의 성장'이라는 기존 방식에서 탈피해 '서비스 산업 중심의 고효율 성장'으로 전환해야 한다"는 점이 강조됐습니다. 즉, 저비용으로 물건을 찍어내 많이 팔면 된다는 박리다매식 사고에서 벗어나, 그간 중국에는 '미답지'였던 서비스 산업으로 구조를 개선하자는 것이었습니다. 그리고 산업도 저효율이 아닌 고효율 산업으로 질적 발전을 꾀하자는 것이었고요.

중국의 '신창타이'는 이렇게 경제 체질을 개선하자는 움직임이기도 하지만, 근본적으로 중국을 새로운 국면으로 발전시키는 원동력입니다.

　지금 중국 사회는 개혁을 강렬하게 요구하지만 거대한 기득권 집단의 방해도 있습니다. 기존에 많은 것을 누려온 국영 기업과 공무원들이 기득권을 내려놓고 경쟁에 뛰어들기란 쉽지 않습니다. 알리바바, 텐센트 등 민간 기업과 경제 참여자인 국민은 활력을 얻고 있지만 뿌리 깊은 질곡도 병존하고 있습니다. 사회가, 경제가 개혁되기를 열망하는 일반 대중도 있지만 현실적인 장애도 존재합니다. 이렇게 구체제와 신체제가 공존하는 단계에서는 보통 과거의 관념과 체제가 끈질기게 살아남아 발전을 가로막곤 하죠. 이 때문에 기득권의 반발과 현실적 제약을 극복하고 새로운 체제를 군건하게 뿌리내리려면 '전면적인 개혁 심화'가 유일한 해법이라고 이 책은 이야기합니다.

　2012년 가을 열렸던 중국공산당 18차 당대회 이후 여러 아이디어가 난무하고 충돌해온 것도 사실입니다. 그런 과정을 거쳐 이제 중국은 '신창타이'로 개혁의 가닥을 잡았습니다.

　가닥은 잡았지만 개혁은 말보다는 실천입니다. 개혁은 결코 쉽게 얻어지지 않는 가치입니다. 토지 개혁, 국유 기업 개혁, 사법 개혁 등 이권이 부딪치는 영역에서도 흔들리지 말고 앞으로 나아갈 추진력이 필요합니다. 뒤돌아보지 않는 마음가짐으로 개혁의 청사진을 실현하는 것, 그것이 개혁의 가장 아름다운 모습이겠죠.

지금은 개혁을 설계하는 단계 이후 등장하는 '시공기(施工期)'라고 부를 만합니다. 저돌적이고 공격적으로 개혁을 실천해야 하는 시기이고, 개혁의 깊이를 더해야 하는 시기입니다.

문제는 중국이 넘어야 할 벽이 많다는 겁니다. 중국은 국토가 광활하고, 지역마다 발전 수준이 다릅니다. 인구가 천차만별이고 소득 구성도 마찬가지입니다. 게다가 사회적으로 이익 구조가 복잡해 개혁을 밀고 나가기가 쉽지 않습니다. 그래서 개혁에는 뚜렷한 전략이 필요합니다.

중국은 우선 문제 해결에 초점을 맞추는 방식으로 개혁을 실천하고 있습니다. 발전을 목표로 해서 이를 가로막는 문제들을 제거해나가는 방식이죠. 둘째는 실천을 중심에 둔다는 것입니다. 개혁은 결코 탁상행정으로 나와서는 안 된다는 교훈을 얻었기 때문입니다. 수천만 명의 운명을 위태롭게 할 정책을 내놓아서는 안 됩니다. 셋째, 결과를 중시한다는 겁니다. 개혁의 결과는 대중의 평가와 비판을 받아 마땅하고, 개혁의 성과를 모두가 누릴 수 있어야 한다는 것이 중국이 추구하는 개혁과 신창타이의 방향입니다.

물론 필요하다면 개혁 추진 일정을 조정할 수는 있습니다. '먼저 시험적으로 실시해본 뒤 전면적으로 확대한다(試点先行 全面推廣)', '돌다리도 두드려가며 건넌다(摸着石頭過河)'라는 문구는 중국이 개혁을 추진할 때 흔히 쓰는 표현입니다. 개혁에서 지양해야 할 일들도 있습니다. '시도만 해보고 추진하지 않는다(試而不推)', '두드리기만 하고 건너지는 않는다(摸而不過)'는 개혁에 도움이 되지 않습니다. 중국의 국가 지도자들은 개혁과 관련된 입법에 솔선수범하고, 상부의 총체적 개혁 방안 수립과 하부의 실천 방안을 결합해야 할 의무를 지고 있습니다. 예를 들어 상하이자유무역시험구는 적절한 시기에 톈진(天津)과 선전(深圳)의 개혁으로 이어져 중국의 대외 개방 수준을 한 단계 높였다는 평가를 받고 있습니다.

시진핑(習近平) 정부 들어 대표적인 정치, 인사 개혁으로는 반(反)부패 정책이 있습니다. 부패의 '호랑이'로 대변된 저우융캉(周永康), 군부의 부패 '몸통'으로 불렸던 쉬차이허우(徐才厚), 링지화(令計劃) 등이 낙마했습니다. 정부는 고위층 부패 척결을 통해 법제도 개혁과 정치 개혁까지도 도모하고 있습니다. 반부패 정책과 호적 제도, 얼핏 전혀 상관없어 보이는 것들이지만 중국에서 지금 일어나는 일들의 상당수는 결국 '개혁' 그리고 '신창타이'를 향해 나아가는 과정입니다.

이제 혁신을 요구하는 18인 지성의 목소리를 들어볼까요?

1장

노동력, 자본, 생산성이
경제 성장을 이끌어온 시대는 끝났다.

우징롄

우 징 롄

吳敬璉

1930년 장쑤(江蘇)성 우진(武進)의 언론인 집안에서 태어났다. 1954년 상하이(上海) 푸단(復旦)대를 졸업하고 예일대(1983년)와 스탠퍼드, MIT(1994~96년) 등에서 연구 활동을 했다. 중국의 저명한 경제학자, 중국 최고의 싱크탱크이자, 국가 최고 지도자 그룹에 제공하는 보고서를 발표하는 국무원 발전연구센터의 연구원을 맡고 있다.

우징롄은 덩샤오핑(鄧小平)의 경제 교사이자 '중국 시장경제학의 태두'로 불리는 원로 학자다. 별명은 '미스터 마켓(Mr. Market)'으로, 사회주의 중국에 시장을 이식한 주인공이기에 붙은 별명이다. 개혁 개방 정책이 방향을 잡지 못하던 1982년, 그는 '사회주의 경제의 계획 속성과 상품 경제 속성'이라는 제목의 논문을 통해 시장경제의 밑그림을 펼쳐 보였다. 국가의 지나친 시장 개입이 부패와 빈부 격차를 키우고 있으므로 "국가는 빠지고 민영 기업에 힘을 실어줘야 한다(國退民進)"는 것이 그의 주장이다.

중국 최대 정치 행사인 인민정치협상회의 전국위원회 상무위원을 지냈다. 1984~1992년 중국의 권위 있는 상인 '순쯔팡(孫治方) 경제과학상'을 5번 연속 수상했다. 2005년 제1회 '중국경제학상 공헌상'을 받았다.

(1949년 중화인민공화국이 설립된 후 중국 공산당은 토지개혁과 재정개혁을 거쳐 1953년부터 제1차 5개년 계획을 시행했다. 다음은 10~13차 5개년 계획 연도이다. ●10차 5개년 계획 : 2001~2005년 ●11차 5개년 계획 : 2006~2010년 ●12차 5개년 계획 : 2011~2015년 ●13차 5개년 계획 : 2016~2020년 ─역자 주)

지속 불가능한 올드 노멀

뉴 노멀(new normal)을 이야기하기 앞서 그와 반대되는 '올드 노멀(old normal)'에 대해 이야기해볼까요? 올드 노멀이란 경제학에서는 '활발한 투자로 성장을 촉진하는 것'을 말합니다. 중국은 지난 30여 년 동안 이 정책을 유지했지만 이제는 더 이상 유지할 수 없는 상황에 이르렀습니다. 투자를 해봤자 성장을 촉진하는 약발이 더 이상 받지 않았던 것이죠.

2009년 경기 부양책을 실시한 뒤 중국 GDP는 3분기 연속 성장세를 유지했지만 곧바로 하락세로 바뀌었습니다. 결국 중국 경제는 2010년 3분기부터 하락세를 나타냈습니다. 2013년 3분기 중국의 경제 성장률은 10% 이하로 떨어졌고, 2014년 3분기에는 7.3%까지 떨어졌습니다. 이 기간 동안 경기 부양책이 몇 차례 실시되었지만 GDP를 회복시키는 데는 그다지 뚜렷한 효과를 보지 못했습니다.

이에 당황한 정부는 2014년 2분기부터 새로운 부양책을 실시했지만 결과가 어땠을까요? 2014년 2분기 GDP 성장률은 단 0.1% 상승하는 데 그쳤습니다. 같은 해 10월, 투자를 확대했지만 역시 효과는 크지 않았습니다.

이것은 무엇을 말하는 걸까요? 중국의 GDP 증가 속도가 둔화되고 성장률이 떨어진 원인은 여러 가지가 있을 겁니다. 하지만 장기적인 관점에서 '올드 노멀'이 더 이상 유효하지 않다는 것을 이야기하는 것이라고 봅니다. 무엇이 중국 경제를 고속 성장세에서 중속(中速) 성장으로 내려앉게 했을까요?

그 원인을 분석하기 위해서 우선 우리가 통상적으로 쓰는 경제 성장의 '삼두마차' 분석 도구를 이용해 중장기 성장을 예측하는 것이 잘못됐다는 것을 알아야 합니다. 삼두마차는 1)노동력 2)투자(자본) 3)생산성(효율성)입니다. 이 세 가지 요소는 지난 30년간 중국의 고속 경제 성장에 기여해왔습니다. 그러나 21세기에 접어들면서 이 세 가지 요소에 많은 변화가 생기기 시작했고, 더 이상 고속 성장에 기여하지 못하게 되었습니다.

우선 삼두마차를 살펴보지요. 제1 요소인 노동력은 바로 '인구 보너스'를 의미하며, 인구가 얼마나 늘어나는지를 가리키는 지표입니다. 과거 중국에서는 인구가 꾸준히 늘어났고, 아이들이 태어나 자라고 일을 하는 노동인구가 되면서 인구로 얻는 보너스가 분명 있었습니다. 그러나 2002년 초, 중국 사회과학원의 차이팡(蔡

昉) 교수는 '루이스 전환점'에 대해 문제 의식을 갖게 됐습니다. 루이스 전환점이란 개발도상국에서 농촌의 잉여 노동력을 확보하는 데 한계에 도달해 임금이 상승하기 시작하고, 이로 인해 성장이 둔화되는 현상을 말합니다.

개발도상국의 산업 발달 초기에는 농촌의 값싼 인력이 도시의 산업 분야로 유입되어 급속한 발전을 이루지만, 일정 시점에 이르면 임금 인상과 저임금 근로자 고갈로 경제 성장이 둔화된다는 이론입니다. 1979년 노벨 경제학상 수상자인 아서 루이스(Arthur Lewis)가 제시해서 이 명칭이 붙었고요. 한국은 1976년에 루이스 전환점을 맞았습니다. 중국은 그보다 30여 년 뒤에 루이스 전환점에 도달하기 시작한 것이지요.

제2 요소인 투자 또한 비슷한 양상을 보였습니다. 중국은 '1차 5개년 계획' 이후 늘 투자에 의존해 경제 성장을 촉진해왔습니다. 상식적으로 당연한 결과로 보입니다. 투자하면 성과를 내고 경제가 성장한다는 논리로요. 그러나 경제학자들은 단순 투자에 의존한 성장은 지속 가능하지 않다는 입장을 오래전부터 밝혀왔습니다. 사실 이런 견해를 처음으로 제시한 사람은 카를 마르크스(Karl Marx)입니다. 그는 《자본론》에서 자본주의 국가의 투자 비율이 계속 높아지는 성장 방식을 분석했습니다. 그리고 이는 경제와 사회에 중대한 문제를 야기한다고 지적했습니다. 생산 능력은 늘어나지만 소비는 그만큼 이루어지지 않는 것이 가장 큰 문제라고 마르크스는 지적했습니다. 생산만 많이 하고 소비를 적게 하면 결국 생산 능력(공급) 과잉이라는 경제 위기가 찾아오겠죠.

중국은 개혁 개방 정책 발표 후 줄곧 이 같은 경로를 따랐습니다. 장기간 투자에 의존한 성장을 해온 중국은 현재 '공급 과잉'이라는 문제에 직면해 있습니다.

세 번째 지표는 생산성입니다. 중국은 개혁 개방 이후 생산성이 크게 증가했습니다. 생산성은 노동에서 오는 생산성과 자본, 기술 등이 높이는 생산성으로 나눌 수 있을 텐데요. 농촌의 노동력이 도시로 대거 유입되면서 제품을 제조하는 데 크게 기여했습니다. 또 개혁 개방으로 외국 자본과 기술이 도입되면서 중국의 기술 수준이 크게 향상되었습니다. 선진국의 기술을 도입하여 이를 중국의 것으로 재창조해서 활용하면서 세계 강국의 대열에 합류했던 것입니다. 결국 노동 생산성과 자본 기술 발달로 인한 생산성이 모두 크게 높아졌다고 보면 됩니다. 그러나 많은 학자들은 중국이 기존 체제하에서는 혁신적인 생산 기술을 개발하기 어렵다고 지적합니다.

이렇게 그간 중국의 경제 성장에 기여했던 3대 요소의 힘이 모두 약해졌다는 것을 알 수 있습니다. 그러다 보니 "중국은 중진국 함정에 빠지게 될까?"라는 문제 의식도 자연스럽게 불거져 나오게 됐습니다. 중진국 함정이란 기존 경제 성장 동력이 쇠퇴하고 신성장 동력을 찾지 못한다면 중진국 수준에 멈추고 만다는 뜻입니다. 인구와 투자로는 더 이상 성장을 이끌지 못한다는 것은 명확합니다. 그렇다면 중국이 추진하는 개혁은? 새로운 기술과 효율성 제고라는 쪽으로 갈 것이라고 예상할 수 있습니다.

GDP 감소에 대처하는 방법

중국 경제가 고속 성장에서 중속 성장으로 변화했다는 것은 앞서 살펴보았습니다. 사실 이는 인력으로 막기 어려운 현상이기도 합니다. 과거처럼 경기 부양책을 통해 성장을 촉진할 수 없으니 답답한 노릇이지요. 2009년 이후 중국은 경기 부양책으로 여러 투자를 했지만 경제에 미친 효과는 지극히 제한적이었습니다. 투자 확대는 더 이상 큰 효과를 내지 못했을 뿐 아니라 오히려 폐해를 조장하는 지경에 이르렀습니다. 경기 부양책으로 통화량을 늘리고 투자도 늘렸지만 투자 수익은 그만큼 늘지 못했기 때문에 결국 손해 나는 장사를 한 셈이 됐습니다.

또 하나 문제가 된 것이 바로 부채입니다. 각 지방정부와 기업들이 투자하기 위해 빚을 늘리다 보니 부채가 빠르게 증가하는 현상이 일어났습니다. 부실의 경계선에 달했거나 이미 초과한 곳도 생겼습니다. 이런 상황에서 경기 부양책을 더 시행한다면 중국이라는 거대한 경제의 대차대조표는 더욱 악화되겠지요. 어쩌면 20년 넘게 경기 침체를 겪은 일본처럼 될 가능성도 있습니다.

여기서 중국은 개혁적으로 사고를 전환하게 됩니다. "경기 부양책을 통해 경제 성장을 이끌어나가서는 안 된다"는 생각을 갖게 된 것입니다. 또 "자극적인 수단을 통해 경제 성장률을 7.5% 이상, 8% 이상, 10% 이상까지 올릴 필요는 결코 없다"는 생각도 하기에 이르렀습니다.

효율을 높이고 질적 성장을 도모한다

GDP 총액이 감소하는 상황에서 성장의 질을 개선하지 못하고 효율도 높이지 못하면 어떤 문제를 야기할까요? 과거 중국 경제는 양적으로 빠르게 성장했습니다. 조금 열심히 노력하면 같이 잘 먹고 잘살았던 것이죠. 하지만 지금은 경제 성장이 둔화되니, 성장하느라 미처 보지 못했던 경제적·사회적 모순이 분출하려고 부글부글 끓게 된 것입니다.

만일 경제 성장 속도가 떨어졌다 하더라도 성장이 질적으로 괜찮았다면, 중속 성장을 하더라도 경제 전체에는 큰 문제가 없었을 겁니다. 그러나 과거를 돌이켜 보면 중국의 경제 성장은 질적으로 결코 좋은 모습이 아니었습니다. 양적인 측면에서 부족한 점을 어찌어찌 보완해왔지만 실익이 크지 않았습니다.

그래서 이제는 양적 성장에 대한 미련은 버리고 질적 성장을 추구하기로 개혁 방향을 잡았습니다. 일부 국가에도 그런 사례가 있습니다. 효율성을 높이고 질적 성장을 도모함으로써 3~5%대의 성장에도 경제 상황은 긍정적인 면을 보인 사례들이 있다는 거죠. 중국 역시 3~5%대의 성장을 하면서 질적으로 업그레이드되는 경제를 목표로 하고 있습니다.

작은 개혁에 성공해야 큰 혁신이 만들어진다

잠시 중국의 경제 개혁 역사를 살펴볼까요? 중국이 개혁 개방을 시작했을 무렵인 1981년, 중국공산당은 전국인민대표대회에서 경제 건설 10대 방침이라는 것을 내놨습니다. 여기에서 가장 핵심적인 내용은 효율성을 높이자는 것이었습니다. 10대 방침이 실시된 후 어느 정도 성과를 낸 것은 사실이지만 여전히 문제는 많았습니다.

'9차 5개년 계획'이 제정된 1995년, 중국은 '경제 성장 방식의 전환'이라는 새로운 방침을 꺼내 들었습니다. 이는 투자에 의존해 경제 성장을 이끌어내는 방식에서, 새로운 기술 창출과 효율성 제고를 통해 경제 성장을 이루는 방식으로 바뀌어야 한다는 내용을 골자로 합니다.

9차 5개년 계획에서는 '2가지 근본 변화'가 일어났습니다. 첫째는 조방형(粗放型) 경제 성장 방식(노동력과 투자의 증가에 기대어 성장하는 양적 성장, 비효율적이고 거친 방식)에서 집약형 경제 성장 방식으로 변화한다는 것, 둘째는 계획경제 체제에서 시장경제 체제로 변화한다는 것입니다. 조방은 '거칠고 서툴다'는 의미입니다. 과거엔 "노동력과 투자만 늘리면 어떻게든 성장하겠지" 하면서 인해전술과 퍼붓기 식으로 밀어붙이는 일들이 많았습니다. 이건 어디까지나 과거의 성장 방식입니다. 이제 중국은 뉴 노멀을 통해 경제 성장 방식을 조방형에서 기술 집약형으로 바꾸려고 하고 있습니다.

자원 하나를 투입하더라도 투자 대비 효율이 높아지도록 투자의 질을 높이자는 것이지요.

그 후 나온 '10차 5개년 계획'과 '11차 5개년 계획' 기간 중에는 변화 속도가 다소 부진했습니다.

12차 5개년 계획 기간에 중국공산당 중앙위원회는 경제 성장 방식의 변화를 다시 한 번 강조했습니다.

일부 경제학자는 경제 성장 속도가 떨어지면 매우 초조해합니다. 과거 경제 발전 방식이 성장에 의존하고 있었기 때문에 그런 것이죠. 하지만 제가 보기엔 성장 속도가 떨어진다고 해서 그렇게 심각한 문제는 아닙니다.

실질적으로 13차 5개년 계획 때는 경제 성장 속도가 줄어들었지만 취업률과 경제 효율성 등은 11차 5개년 계획과 12차 5개년 계획 때보다 큰 폭으로 개선되었습니다. 대표적인 것이 취업률입니다. 경제 성장률은 하락세를 보이고 있지만, 취업률은 점차 호전되어왔습니다.

실제 통계를 볼까요? 2013년 신규 취업 인구 예상치는 900만 명이었으나 실제 취업 인구는 1,310만 명으로 집계됐습니다. 예상 목표치의 145%가 실현된 것입니다. 2014년 신규 취업 인구는 1,000만 명으로 예상했으나 같은 해 10월에 이미 목표를 달성했습니다. 결국 저는 경제 성장 속도가 줄어드는 것이 실업 증가와 취업난, 그리고 사회 불안을 유발한다는 생각은 잘못되었다고 봅니다.

중국은 경제 정책 결정을 통해 많은 구조적 변화를 이끌어냈습니다. 중국공산당 중앙위원회는 11차 5개년 계획에서 경제 성장 방식의 변화를 주 노선으로 결정했습니다. 그 후 어떤 변화가 이루어졌을까요? 가장 큰 변화는 서비스업 분야에서 효율성이 높아진 것입니다. 사실 11차 5개년 계획이 이루어지는 기간 동안 정부는 서비스업 발전을 지속적으로 호소하고 조치를 취했지만 큰 변화가 없었습니다. 그런데 12차 5개년 계획의 두 번째 해인 2012년부터 심상치 않은 변화를 목격할 수 있었습니다.

2012년, 중국은 3차 산업인 서비스 산업과 2차 산업인 제조업의 성장 속도가 처음으로 같아졌습니다. 그리고 2013년에는 3차 산업의 성장 속도가 2차 산업의 성장 속도를 앞지르기 시작했고, 역사상 처음으로 3차 산업인 서비스 산업이 최대 산업으로 자리 잡게 되었습니다. 브릭스(BRICs) 국가 중에서 중국이 유일하게 서비스 산업 비중이 50%가 안 되었던 상황에서 달라진 것이죠. 2014년 이후 이러한 추세는 계속되고 있습니다. 세계의 공장으로 불렸던 중국이 이젠 서비스 산업을 오히려 더 비중 있게 가져가는 것입니다.

어떻게 이런 일이 가능했을까요? 몇 가지 개혁 조치 덕분으로 보이는데, 그중 하나는 증치세(부가가치세) 개혁으로 파악됩니다.

전체 매출액을 기준으로 징수하는 영업세와는 달리 증치세는 부가가치를 기준으로(가치가 증가한 부분만을 기준으로) 세금을 냅니다. 영업세는 정부가 징수하기는 편리하지만 기업은 중복 과세라는 부담을 안게 됩니다. 또한 기업의 공급사슬에서 유통 절차가 많을수록 중복 과세가 더욱 심각해진다는 특징이 있었습니다.

2009년 중국은 증치세 개혁을 단행해, 기업들이 증치세를 납부할 때 매입 항목에 포함된 증치세를 공제하는 것을 허용함으로써 세금 부담을 낮춰주었습니다. 그러나 대상 기업은 주로 제조업이었고, 서비스업에는 여전히 영업세를 매겼죠. 그래서 서비스 기업은 중복 과세를 피할 수 없었습니다. 이 같은 문제를 해결하기 위해 정부는 서비스 기업에도 영업세가 아닌 증치세를 매기는 세제 개혁을 단행했습니다. 그 결과 세금 부담이 많았던 서비스업과 교통운수업이 날개를 달게 된 것입니다. 세제 개혁이 가져온 '나비 효과'입니다.

또 하나 장점은 그간 발목 잡혔던 서비스 수출 무역의 경쟁력을 높일 수 있었다는 겁니다. 국제적으로 서비스 수출은 세율이 0인 영세율을 적용하고 있습니다. 발목에 모래 주머니를 달고 뛰던 중국 기업들이 이제 더 가볍게 운신할 수 있게 되었죠.

또 하나의 나비 효과는 서비스업 분야에서 새로운 산업들이 발달하게 되었다는 것입니다. 전자상거래를 예로 들면 택배를 위주로 하는 물류업, 모바일 결제 시스템 같은 새로운 산업이 함께 성장하게 된 것입니다.

중국의 서비스업 분야가 발전하게 된 계기는 사업자 등록의 편의성을 높인 것입니다. 실제로 사업자 등록을 간소화한 이후 상공업자가 크게 증가했습니다. 상공업자 수는 2013년 40% 늘어났고, 2014년 3분기에는 무려 60% 가까이 증가하기도 했습니다. 저는 이런 현상을 중국이 펼치는 개혁의 서막으로 봅니다. 중국어로는 '소시우도(小試牛刀)'라고 부를 수 있겠네요. 소시우도는 '매우 훌륭한 솜씨를 발휘할 때는 먼저 작은 일부터 시험해본다'는 의미입니다. 중국의 개혁과 뉴 노멀은 '소시우도'식이 될 겁니다. 큰 개혁도 작은 개혁에서 비롯되는 것이니까요. 이렇게 작은 개혁의 성공이 모이면 경제 성장은 질적으로 개선되고, 경제 효율은 높아지고, 중국이 현재 직면한 각종 문제를 근본적으로 해결할 수 있을 거라고 봅니다. 경제 체제의 변화뿐 아니라 정치·사회 체제의 변화도 이끌어낼 것입니다. 궁극적으로 개혁이 달성되면 중국 경제와 사회 전체의 안정도 가져올 것으로 기대합니다.

물론 뉴 노멀처럼 전면적으로 개혁을 심화하는 일은 결코 쉬운 일이 아닙니다. 알고 있습니다. 이데올로기와 기득권의 방해, 운영상의 장애물, 과거 체제와 성장 방식 때문에 발생하는 어려움은 산적해 있습니다. 그러나 중국은 개혁하지 않을 수 없습니다. 경제 성장률이 떨어지는 상황에서 중속 성장세로 연착륙을 유도하고 효율성을 높이는 유일한 방법이기 때문입니다. 문제점을 효율적으로 제거하고 개혁을 꾸준히 추진해나가야 한다는 점은 명백합니다.

2장

맹목적인 초고속 성장과
지나치게 높은 성장률은 오히려 해롭다.

리이닝

리이닝

厲以寧

1930년생. 중국을 대표하는 경제학자이며 베이징(北京) 대학의 경제학 학맥을 잇는 인물이다. 리커창(李克强) 총리의 경제 스승으로 유명한 리이닝은 중국의 경제 발전을 가져온 경제 개혁의 필요성을 이론적으로 제기했고 이를 실현하기 위한 정책을 제안한 인물로 평가된다.

1951년 베이징 대학 경제학과에 우등생으로 입학했고 1955년에 졸업했다. 그러나 젊은 경제학자로 촉망받기 시작한 1957년, 우파 분자로 비판받아 문화대혁명 시기(1966~1976)에 농촌으로 피신하는 고난도 겪었다. 그 뒤 1978년에 명예를 회복했고, 당시 태동하기 시작한 경제 개혁에 대해 대담한 이론을 제언해 주목받게 된다. 그는 경제 개혁의 열쇠가 '소유제 개혁'이라고 주장하면서, 손익에 대한 책임이 모호한 국영 기업의 개혁이 필요함을 역설했다.

리이닝은 중국의 국회에 해당하는 전국인민대표대회의 중추 기관인 상무위원회 위원, 자문 기관인 정치협상회의 전국위원회 위원 등 요직을 두루 거쳤고 경제 정책 입안에도 관여해왔다. 금융, 증권 분야에서 정부 자문직을 맡아 활동했다.

이 밖에 개혁을 추진하는 인재를 육성하는 데도 기여했다. 베이징 대학에 설립된 중국 최고의 경영대학원인 광화관리학원의 원장을 맡아 1994년 베이징대 관리학원장, 2004년 베이징대 명예 관리학원장을 지냈다. 젊은 경영자와 경제학자, 산·관·학에 걸쳐 수많은 인재를 육성했다.

뉴 노멀은 구조조정으로 경제 구조를 합리화하는 것

최근 신문에 자주 등장하는 단어가 바로 뉴 노멀입니다. 뉴 노멀이 무엇일까요? 중국 경제가 초고속으로 성장했던 과거와 비교해서 지금은 '상대적으로' 안정된, 즉 정상적인(노멀한) 상태에 접어들었다는 뜻입니다.

생각해보십시오. 초고속 경제 성장이란 게 결코 일반적인 상황은 아니죠. 30년간 매년 10%씩 성장이라니요. 경제 발전이라는 마라톤 경기를 단거리 주자처럼 달려온 겁니다. 이런 상태는 경제 발전 규칙에도 들어맞지 않기 때문에 오래 지속될 수도 없습니다. 그동안 우리는 "중국은 무조건 초고속으로 성장하는 게 당연해"라고 여겼지만 생각해보면 그것이야말로 '노멀'하지 않았다는 겁니다.

여러분도 느끼셨겠지만 이제 중국 경제는 '새로운 노멀 상태', 즉 뉴 노멀로 진입했습니다. 뉴 노멀 시대에는 다음의 2가지에 유넘해야 합니다. 첫째, 맹목적으로 초고속 성장을 추구하는 것은 장기적으로 중국 경제에 이롭지 않다는 점, 둘째, 지나치게 높은 성장률은 다음 5가지 불이익을 초래한다는 점입니다.

1. 과도한 자원 낭비
2. 환경 오염으로 인한 생태계 파괴
3. 효율성 저하
4. 생산 과잉
5. 구조조정 기회를 잃어버리는 것(실기, 失機)

이 중에서도 특히 5번째 '구조조정의 기회'가 중요한데요, 이 기회를 놓치면 많은 후유증이 생깁니다. 현시점에서 저는 중국이 경제 구조조정을 최고 우선순위로 삼아야 한다고 생각합니다. 구조조정은 경제 총량을 늘리는 것보다 훨씬 중요하기 때문입니다.

예를 들어볼게요. 1840년 아편전쟁 시기에 중국의 GDP는 영국보다 높은 세계 최고 수준이었습니다. 하지만 당시 중국은 경제 구조에 문제가 있었습니다. 영국은 1770년을 전후로 1차 산업혁명이 일어났고, 아편전쟁 시기까지 약 70년 동안 산업화가 진행되었습니다. 당시 영국의 GDP를 늘린 것은 증기자동차, 기계 설비, 철도, 기관차, 화물차 등 공업 제품과 기계를 사용하는 방직업이었습니다. 반면 중국의 GDP는 농산품과 수공예품이 주를 이루었습니다. 영국의 교통수단이 기선과 기차였던 반면 중국은 돛단배와 마찬가지였습니다. 수출에서도 중국은 차(茶)와 도자기, 비단 등 농산품과 수공예품이 주를 이룬 반면, 영국은 증기기관차와 기계 설비가 주를 이루었습니다. 덩치는 작았지만 경제 구조 면에서 영국은 중국보다 훨씬 앞서 있었던 것이죠.

인적 자원의 역량 면에서도 영국은 중국에 앞서 있었습니다. 당시 영국 인구는 1,000만 명이었고 중국은 4억 명이었습니다. 그러나 영국은 70년간의 산업혁명을 거치면서 많은 중고등학교를 설립했고 대학에서는 매년 수많은 과학자, 엔지니어, 경제 금융 전문가를 배출했습니다. 반면 중국 국민의 대다수는 농민이었고 대부분이 문맹이었습니다. 일부 글을 읽을 줄 아는 사람조차도 과거 시험 준비를 위해 사서삼경을 읽는 것이 고작이었습니다.

중국의 GDP 총량이 현재 세계 2위라고 하지만 경제 구조로 볼 때 아직 다른 선진국에 미치지 못합니다. 우선 첨단 과학 기술의 GDP 비중이 여타 선진국 수준에 크게 못 미치고, 인적 자원의 역량에서도 마찬가지입니다. 전체 인구에서 대학 졸업자 수의 비중이 여전히 낮고요.

이런 상황에서 구조조정의 기회를 놓친다면 국가적으로 큰 손실을 초래하게 될 것입니다. 구조조정은 사람으로 치면 군살을 덜어내며 강도 높은 운동을 통해 건강 체질로 만드는 것이라고 할 수 있을 겁니다. 최근 지면에서 자주 보는 뉴 노멀의 참된 의미는 "초고속 성장은 안 해도 좋다. 아직 체력이 있을 때 최대한 빨리 구조조정을 해서 경제 구조를 합리화하자"라는 의미로 보시면 됩니다. 저를 포함한 많은 전문가가 초고속 성장만을 추구할 것이 아니라 적정 경제 성장률을 유지해야 한다고 주장하는 것도 이 때문입니다.

과거에 중국은 GDP 8% 성장에 집착했습니다. 바오빠(保八, GDP 성장률 8%를 사수한다)라는 말도 그래서 나왔죠. 하지만 이제는 아닙니다. 매년 7%를 유지할 수만 있어도 괜찮다고 봅니다. 6.5~7%를 유지해도 정상 범위에 속합니다. 무조건 콩나물처럼 키만 키우거나 밥을 왕창 먹어서 살을 찌우는 것이 능사가 아니라는 거죠. 지금은 경제 성장 속도가 아니라 경제의 질적 성장과 구조조정에 주목할 때입니다.

GDP로 실적을 평가하지 말라

중국은 오랜 기간 상부 명령에 따라 경제 성장 지표를 정하고, 각 지방 도시들은 목표 달성을 위해 노력했습니다. 이것 때문에 중앙정부와 지방정부 모두 큰 압박을 받아왔습니다. 지방정부의 발전 계획은 지방인민대표대회에서, 전국 발전 계획은 전국인민대표대회에서 통과된 것으로 일단 '고정 성장 지표'가 정해지면 따라야만 했습니다.

대표적인 것이 GDP입니다. 지방정부는 목표를 달성하기 위해, 그리고 다른 지역보다 나은 성과를 내기 위해 전념할 뿐, 질적 성장이나 구조조정에 관심을 기울일 겨를이 없었습니다. "위에서 시키는 대로 하자. 남보다 조금만 더 잘하면 되지"라는 수동적 입장과 자세를 갖게 된 것이죠. 고정 성장 지표는 반드시 달성해야 하기 때문에 생산 과잉, 원가 상승, 효율 저하 등과 같은 문제는 생각할 여유가 없었습니다. 목표만 달성하면 끝이었죠. 그래서 중국에선 각 성이 GDP를 산출하고 이를 더하면 국가 GDP를 넘어서는 기현상까지 일어나곤 했습니다. 모두가 자기 지역이 잘했다고 실적을 높게 잡았기 때문에 벌어진 일입니다.

이 같은 상황이 반복되는 것을 막기 위해 중국은 이제 '탄력 예측 지표'로 전환하는 사업을 시작했습니다. 적어도 과거처럼 당간부의 실적이 GDP 늘어나는 속도로 평가되는 일은 없을 겁니다. 시진핑 주석도 지방정부의 관료들을 향해 한마디 던졌죠. "각 성의 GDP 숫자에 얽매이지 말라"고요. 이제는 간부들의 실적을 GDP 성장률로 판단하지 않겠다는 얘기입니다.

중국 GDP의 특수성

잠시 중국의 실질 GDP 이야기를 해볼까요? GDP가 줄어든다고 걱정들이 많습니다. 수출 감소, 생산 과잉, 판매 부진 등 여러 가지 이유로 줄어든다는 거죠. 여기서 실질 GDP는 기준 연도의 가격으로 서비스와 재화의 가격을 계산한 값입니다. 가격이 변함없다는 가정하에 생산량의 변동만을 측정합니다. 지금까지 중국의 실질 GDP는 국가통계국에서 발표하는 수치보다 높았습니다. 이유는 다음과 같습니다.

첫째, 서구 선진국들은 집 짓는 비용을 GDP에 포함합니다. 그러나 중국에서는 농민이 혼자서 또는 이웃의 도움으로 집을 지을 경우, 그 비용이 GDP에 포함되지 않습니다. 그런 것들을 감안하면 상당한 규모가 될 겁니다. 중국에서 이루어지는 신(新)농촌 건설, 도시화 추진에 따른 사업들을 추가하면 GDP 규모는 더욱 크게 늘어나게 될 것입니다.

둘째, 중국의 가사도우미는 수천만 명에 달합니다. 서구에선 이들의 급여를 모두 GDP에 포함하지만 중국은 그렇지 않습니다. GDP 집계에 가사도우미 임금 항목이 없기 때문입니다. 최근 들어 가사도우미가 더 늘어나는 사실을 감안하면 이들의 경제적 효과는 고려할 만하다고 생각합니다.

셋째, 중국의 자영업자(個體戶, 도시의 개인 상공업자. 종업원 7명 미만의 자영업자들)의 실제 영업 매출은 얼마나 될까요? 중국은 자영업자의 연간 매출을 계산할 때, 정해진 세금을 분할 납부하는 방식인 '포세제(包稅制)'로 추정합니다. 하지만 자영업자들의 실질 매출은 추정 계산한 것보다 항상 높습니다. 바꿔 말하면 자영업자 대부분이 매출액을 줄여서 신고하기 때문에 GDP 통계도 과소 계상된다는 사실입니다. 또한 월 매출 3만 위안(500만 원) 이하 소규모 자영업자에게 면세 혜택을 제공하니, 실제 매출 통계를 잡기가 더 어려워지기도 했습니다.

넷째, 몇 년 전 통계에 따르면, 중국 GDP에서 기업들이 차지하는 비중을 100으로 놓았을 때 민영 기업은 55%, 국영 기업은 35%, 외자 기업은 10%로 나타났습니다. 외국 전문가 일부는 중국 GDP가 부풀려졌을 가능성을 제기했지만, 이는 중국을 제대로 이해하지 못했기 때문이라고 생각합니다. 민영 기업은 통상 매출액을 최대한 적게 보고하려고 하며, 정부 당국이 조사하지 않으면 아예 보고조차 안 합니다. 매출이 많을수록 세금을 많이 내야 하기 때문입니다. 반면에 국영 기업은 실적을 돋보이게 하거나 임원들의 승진을 위해 매출액을 과장하여 보고하곤 합니다. 그러나 국영 기업의 과대 보고에는 한계가 있습니다. 결론적으로 전체의 55% 이상을 차지하는 민영 기업이 줄여서 보고하는 매출 규모가 국영 기업이 과대 보고하는 규모보다 훨씬 크기 때문에, 이 둘을 상쇄하여 계산한 GDP는 실제보다 낮을 수밖에 없다는 것이 저의 주장입니다.

이 네 가지 사실이 설명하는 바는 뭘까요? 단순히 GDP 변화만 가지고는 커다란 변화를 예측하기 어렵다는 것입니다. 실제로 GDP 총량은 해마다 늘고 있으며, 실제 GDP가 국가통계국에서 발표한 것보다 훨씬 클 것이라는 점을 알아야 합니다. 따라서 GDP가 줄어든다고 해서 걱정할 필요는 없다고 생각합니다. 0.2% 혹은 0.1%가 줄어들어도 크게 문제 되지 않는다는 것이지요.

창업으로 일자리를 만들어라

투자와 취업률의 관계는 경제학자들이 오래전부터 논의해온 문제이며 지금도 중요한 연구 과제로 남아 있습니다. 전통 경제학에서는 새로운 일자리 창출이 경제 성장 과정에서 실행해온 투자의 결과라고 봅니다. 즉, 일자리 창출을 위해서는 대규모 투자가 필요하다는 것이죠.

그러나 지금 상황은 기존 관념에 비춰보면 꼭 그렇지만은 않습니다. 기술 혁신, 플랜트 설비 교체, 첨단 산업에 대한 투자는 오히려 일자리 수를 줄이기 때문입니다. 생산 현장에서의 로봇 사용, 자동화, 신기술 개발로 인력 수요는 줄고 있습니다. 이는 첨단 과학 기술 발전에 따른 필연적인 과정이고, 우리가 반드시 해결해야 할 문제이기도 합니다.

또 정부는 환경 보호를 강화하고 저탄소화를 추진하고 있습니다. 저탄소화를 위해선 일부 기업이 불가피하게 문을 닫거나 생산을 중단해야 합니다. 그러니 환경 보호를 추진하는 과정에서도 일자리를 잃는 사람이 생길 수 있다는 거죠.

그렇다면 무엇으로 일자리를 창출할 수 있을까요? 어떻게 하면 취업률을 지속적으로 유지할 수 있을까요?

저는 우선 소규모 민간 기업의 부흥, 스타트업을 지원하는 정책이 필요하다고 봅니다. 중국의 혁신 창업가인 촹커(創客)가 대표적일 텐데요. 대졸자의 실업률을 낮추는 방법 중 하나도 바로 혁신

창업가를 육성하는 겁니다. 자리 수가 정해져 있는 일반 공무원이나 기업 직원보다는 일자리를 만들어내는 창업가들을 지원해주는 거죠. 창업이 결국 일자리를 만드는 원동력이니까요. 적어도 창업가 자신은 '셀프 고용'이 된다는 효과도 있습니다. 정부는 소규모 기업의 창업 촉진을 위해 선(先) 창업 후(後) 등록을 가능하게 하는 제도를 도입했습니다. 복잡한 창업 절차를 간소화하고 대출 지원도 늘렸습니다.

농업 분야의 혁신을 통해 늘어나는 일자리에도 주목해야 합니다. 1차 산업인 농업이 일자리를 창출할 수 있는 효자 산업으로 돌아온다는 점이 특기할 만합니다. 정부는 이미 가정농장을 발전시키겠다고 공식적으로 발표했습니다. 가정농장은 과거에 주로 미국, 캐나다, 서유럽 등지에서나 볼 수 있었던 것으로, 중국에는 새로운 표현입니다.

또한 최근 '토지의 권리확인'이라는 새로운 개념을 도입했습니다. 과거 중국에서 토지는 집단의 소유일 뿐, '권리확인'이라는 개념이 존재하지 않았습니다. 농민은 사실상 실권이 없는 책임자에 불과했던 것이죠. 그러나 이제는 달라졌습니다.

권리확인이란 토지 하도급 경영권리증, 택지 사용권리증, 농민이 택지에 집을 지어 생기는 부동산 권리증이라는 3가지 증서를 발급하고 권리를 준다는 의미입니다.

과거 중국에서 농민들의 권리는 보호받지 못했고 토지는 집단 소유였습니다. 그러나 이제 권리확인 제도가 시행된 후 농민들은 법에 따라 자신의 권리를 보호받을 수 있게 되었고, 적극적으로 소득 향상에 몰두하면서 양식업과 재식농업이 발전하게 된 것입니다.

재식농업은 넓은 농장에서 한 가지 작물을 대규모로 재배하여 수출하는 형태로 천연 고무, 야자, 커피, 담배, 차 등이 대표적입니다. 또 농민들이 외지에 돈을 벌러 나가고 싶으면 토지를 다른 사람에게 빌려주고 임대료를 받을 수도 있게 되었습니다. 권리확인 덕분에, 외지에 나갔다가 돌아와도 소작농이 딴소리를 할까 걱정할 필요가 없게 된 것이지요.

이런 까닭에 2012년 전국정치연합 경제소조가 저장(浙江)성 자싱(嘉興)에 시찰을 갔을 때 수많은 농민이 '정부가 권리확인을 실행해주어 감사하다'는 의미로 폭죽을 터뜨리며 축하 행사를 열었습니다. 이 같은 정책 효과는 숫자로도 증명됩니다. 실제로 자싱에서 토지 권리확인을 실행하기 전, 도시 주민 평균 소득과 농가의 평균 소득 비율은 3.1 대 1이었습니다. 권리확인 실행 이후, 이 비율은 1.9 대 1로 격차가 크게 줄었습니다. 농민 소득이 갑자기 늘어난 원인이 바로 토지 권리확인 제도였던 것이죠.

중국 농촌은 이렇게 변하고 있습니다. 현대화 농업이 발전하기 시작했고, 일자리 창출에 새로운 길도 열리고 있습니다.

통화 부족은 기업의 현금 비축 때문이다

많은 사람이 중국의 통화 부족 현상에 의심의 눈초리를 보내고 있습니다. 중국이 통화 유통량이 부족한 나라가 아니기 때문입니다. M1(민간이 보유한 현금과 당좌예금, 보통예금 등 예금은행 요구불예금의 합계)과 M2(M1에 정기적금 같은 은행의 저축성예금과 거주자 외화예금까지를 포함한 것. 총통화라고 함)로 볼 때 유통되는 화폐의 양은 충분합니다.

그런데 이상한 일이죠. 국민, 그리고 특히 민간 기업은 어디에서도 돈을 빌리지 못하는 돈 가뭄에 허덕이고 있습니다. 이렇게 되자 시중의 돈이 다 어디로 증발해버린 걸까 하면서 통화 부족 문제를 거론하게 된 것입니다. 중국에서 통화가 부족한 원인은 무엇일까요?

중국은 이중적 구조 전환의 단계에 놓여 있습니다. 농업사회에서 산업사회로 그리고 서비스 산업사회로 넘어가는 과정이고, 또하나는 계획경제에서 시장경제로 변화하는 과정입니다. 이 변화의 과정에서 농촌의 통화 수요가 크게 늘어났습니다. 중국에서 농민의 숫자는 어마어마합니다. 2009년 통계로도 8~9억 명에 가까웠으니까요. 산업사회가 되었어도 여전히 농민이 많습니다. 이런 농민들이 토지를 자체적으로 운용하거나 작은 공장을 차리는 일이 늘어나면서 자금 수요가 많아진 것이죠. 이들의 통화 수요가 워낙 크다 보니 경제 성장률이나 인구증가율만 가지고는 통화 수요량을 합리적으로 계산하기가 어려운 상황입니다. 실제 통화 수요량은 계산된 수요량보다 조금 많은 것이 일반적이고요.

또 투자가 대부분 국영 기업에 흘러 들어간다는 것, 결정적으로 기업들이 현금을 쟁여놓고 있다는 점이 통화 부족의 근본 원인이었습니다. 은행은 자금 대부분을 국영 기업에 대출해주고 민영 기업(특히 소규모 기업)에는 그러지 못하고 있습니다. 돈을 빌리기 어려운 민영 기업은 자금 부족에 시달렸고, 자금이 없기 때문에 좋은 투자 기회를 놓쳤습니다. 자금 회전이 끊어지면서 정상적인 기업 운영조차 어려울 때가 많았습니다. 특히 광둥(廣東)에서는 많은 기업이 비정상적으로 현금을 비축했습니다. 현지 기업인들은 하나같이 "현금은 왕이다"라고 말합니다. 많은 기업이 비정상적으로 현금을 비축했기 때문에 국가적으로 화폐 유통량이 부족한 현상까지 나타난 것이죠.

중국 금융 개혁의 목표

금융 개혁에는 세 가지 목표가 있다고 저는 봅니다. 첫째는 거시적 목표, 둘째는 미시적 목표, 셋째는 구조적 목표입니다. 일단 거시적 관점에서 중국의 금융업과 은행업은 시장화에 적응하고 있습니다. 과거 국가가 정했던 것들을 시장에 맡겨도 잘 굴러가고 있다는 것이죠. 천천히 물에 몸을 담그듯이 중국은 시장과 친해지려고 노력하는 중입니다.

그중에서도 금리 시장화가 가장 중요한 부분입니다. 여기서 조심해야 할 것은 금리 시장화가 곧 '금리의 자유방임'을 뜻하는 것은 아니라는 점입니다. 저는 지나친 자유방임도 경제에 이롭지 않다고 생각합니다. 거시적 관점에서 금리 시장화는 18차 3중 전회에서 나온 대로 '자원 배치 과정에서 시장이 결정적인 역할을 하게 하자'는 뜻으로 받아들여야 하겠습니다.

둘째, 미시적 관점에서는 금융기관인 은행이 경제적 효용성뿐 아니라 사회적 효용성을 갖고 있어야 한다고 봅니다. 은행의 사회적 효용성을 예로 들어볼까요? 뉴 노멀을 제대로 파급하기 위해 정책 은행(한국의 정책금융공사 같은 역할)을 발전시킬 필요가 있다고 봅니다. 중국에서는 정책 은행이 아직 취약합니다. 예를 들어 교육 발전을 지원하기 위한 교육은행을 설립하고, 상대적으로 베이징과 상하이 등보다 낙후된 서부를 개발하기 위한 은행을 설립하는 등의 계획이 필요합니다. 경제와 사회적 효용성이라는 두 가지를 모두 실현하는 것이 미시적 목표입니다.

마지막으로, 구조적 관점이란 중국이 금융경제에서 실물 경제로 중심을 이동해야 한다는 것을 의미합니다. 제품을 생산하고 그 제품이 세계로 진출하게 만드는 것, 그것이 실물 경제의 한 부분이겠죠. 금융은 실물 경제에서 신기술이 꽃을 피우고 산업 구조가 업그레이드될 수 있게 도와야 할 겁니다. 향후에는 은행이 규모별로 크고 작은 기업들을 위한 서비스 제공에 노력해야 한다고 봅니다. 즉, 대형 은행은 대기업을 위한, 소형 은행은 소형 기업을 위한 금융 서비스를 제공할 수 있어야 한다는 것입니다.

3장

부족함이 문제가 아니라
불공평이 문제다.

린이푸

林毅夫 린이푸

1952년생. 베이징 대학 국가발전연구원 명예원장이다. 세계은행 부총재 겸 수석 이코노미스트를 지냈다.

1952년 대만 이란(宜蘭) 현에서 태어났다. 이란 현은 천수이볜(陳水扁) 전 대만 총통이 태어난 곳이고, 대만 제1야당인 민진당(民進黨)의 본거지이기도 하다. 린이푸는 본명이 린정이(林正義)이고, 대만군 장교 출신의 '귀순용사'로 지금껏 대만에 수배령이 내려져 있다. 1979년 중국과 면한 대만의 최전방 진먼(金門) 섬에서 주둔군 연대장을 지내다가 중국에 투항하기로 결심하고, 2킬로미터 떨어진 중국 대륙으로 헤엄쳐 귀순했다.

이후 이름을 린이푸로 바꾼 뒤 베이징대 경제학과에 들어갔다. 그는 유려한 영어 실력을 갖춰 유명한 학생이었다. 1979년 노벨 경제학상을 수상한 시카고 대학 명예교수 시어도어 W. 슐츠(Theodore Schultz)가 베이징 대학에서 강연했을 때 통역한 사람이 바로 린이푸였다. 슐츠는 귀국 후 곧바로 린이푸를 시카고 대학에 추천했고, 베이징 대학에서 석사 학위를 받은 1982년 린이푸는 시카고 대학으로 유학을 떠났다. 1986년에 경제학 박사 학위를 받고, 1987년까지 예일 대학교 경제발전센터에서 박사 후 과정을 밟았다.

1987년에 귀국한 그는 중국 개혁 개방 이후 해외에서 귀국한 최초의 경제학 박사였다. 귀국 후 국무원 발전연구중심 부소장으로 재직한 그는 4년 뒤 베이징 대학 중국경제연구중심 주임을 맡기도 했다. 베이징대 경제학과 교수로 재직하다 2008~2012년 세계은행 부총재를 지냈다.

주룽지(朱鎔基) 전 총리의 브레인으로 중국의 5개년 개발 계획의 입안을 수차례 책임졌으며 지금도 리커창 총리의 경제 자문역을 맡는 등 중국 경제계의 거두다.

그는 중국에서 노벨 경제학상 수상에 가장 근접한 인물로 평가받고 있다. "군인은 말가죽에 싸여 시체로 돌아오는 것을 영광으로 삼고, 나의 가장 큰 소망은 바로 과로로 책상 위에서 죽는 것이다"고 말한 적이 있으며, 중국에서 국제 경제 학술지에 가장 많은 논문을 발표한 경제학자이기도 하다.

점진적 개혁 개방의 유용성

고속 성장은 소득 분배 불균형과 부패를 야기합니다. 중국도 예외는 아니겠지요. "부족함이 문제가 아니라 불공평이 문제다"라는 옛말이 이런 현상을 대변합니다.

중국은 과거 35년간의 고속 성장으로 거의 모든 이들이 그 과실을 따 먹었습니다. 가난한 농촌이든 멀리 떨어진 편벽한 시골이든 현재 생활은 30년 전에 비해서는 훨씬 좋아졌습니다.

과거에 비해 생활이 개선되었음에도 왜 이렇게 불만이 많을까요? 상대적 소득 불평등이 심화되었기 때문입니다. 여기에 부정부패 문제도 심각합니다. 이 사회를 지탱하는 공정성을 떨어뜨리는 요인이지요.

소득 불균형과 사회 부패로 저소득층과 중산층의 불만은 커졌습니다. 반면 환경 오염 문제는 상류층의 불만이 더 큰 것으로 보입니다. 환경 오염은 부자나 가난한 사람이나 거의 동일하게 영향을 주니까요.

이 문제를 어떻게 해결할 수 있을까요? 18차 3중 전회에서 등장한 '전면적인 개혁의 심화'는 이 문제를 해결하는 처방이 될 수 있다고 생각합니다.

중국은 그동안 점진적인 방식으로 개혁 개방을 해왔습니다. 이것은 구소련과 동구권의 '충격 요법'과는 상반되는 방식이었습니다. 충격 요법은 전체 계획경제 시스템을 한 번에 바꿔버리는 것이었습니다. 중국은 당시 "노인은 오래된 방법, 젊은이는 새로운 방법"이라는 명제를 제시했습니다. 이런 방식에 따라 비교우위가 없고 경쟁력이 떨어지는 산업(국영 기업 -역자 주)에도 계속해서 보조금을 주며 보호하는 방식을 취했습니다.

국영 기업은 큰 혜택을 누렸고, 시장 개방 전까지 노동집약형 산업과 향진(鄕鎭) 기업(중국의 개혁 개방 운동에 따라 1978년부터 지역 특색에 맞게 육성된 소규모 농촌 기업 -역자 주), 민영 기업, 외자 기업 등의 진입은 엄격히 통제됐습니다.

이제 결과를 비교해볼까요? 구소련과 동구권의 충격 요법은 경제 붕괴, 정체, 끊임없는 위기를 가져왔습니다. 반면 중국은 점진적인 투 트랙 방식으로 경제 안정과 빠른 성장을 일궈냈습니다.

그러나 모든 일에는 양면성이 있기 마련이지요. 중국의 경제 안정과 빠른 성장은 소득 불균형과 부패라는 문제를 가져왔습니다. 물론 구소련과 동구권 국가도 중국보다 더 심각한 소득 불균형과 부패 문제가 있긴 하지만요.

그렇다면 왜 이런 문제가 발생했을까요?

계획경제 시대, 중국 정부는 밀집된 자본을 바탕으로 국유 기업을 통해 산업을 키워왔습니다. 선진국들과 비교하면 경쟁력이 떨어진 것은 당연했고, 시장이 개방되자 중국 국유 기업의 생존은 위태로워졌습니다. 소련과 동구권의 국유 기업 역시 마찬가지였습니다. 소련과 동구권 국가는 '충격 요법'으로, 이들 기업에 제공하던 보조금을 일시에 삭감했습니다. 문제는 여기서 발생했습니다. 단번에 보조금을 빼앗기자 소련과 동구권의 기업은 대량으로 파산했고, 이에 따른 대량 실업으로 사회가 불안정해졌습니다.

사실 정부는 이들 기업의 파산을 원치 않았습니다. 동구권 국영 기업 상당수가 국방과 안보 관련 산업에 속해 있었기 때문입니다. 따라서 '충격 요법'이라고는 했지만 민영화 진행 이후에도 일부 산업은 계속 보조금을 줄 수밖에 없었습니다.

그렇다면 민영화 이후 보조금은 과연 줄었을까요? 1990년대, 베이징 대학에서 이를 두고 토론이 벌어졌는데 견해가 조금씩 달랐습니다. 저는 오히려 민영화 이후 정부 보조금이 더 늘어난 것으로 판단합니다. 다만 국유 기업의 대표와 임원은 모두 공무원이기 때문에 나랏돈을 함부로 쓸 수 없었다는 것은 인정합니다. 잘못하면 재판을 받거나 사형에 처해지는 경우도 있어 보조금을 많이 착복할 수 없었던 것입니다.

민영화된 후에도 기업 보조금 지급 관행은 완전히 사라지지 않

있습니다. 문제는 보조금을 지급하면 소위 '지대 추구 행위(자기 이익을 위해 로비, 약탈 등 비생산적인 활동에 경제적으로 자원을 소비하는 현상)'가 발생한다는 점입니다. 보조금을 준다는 것은 곧 '이전 지급'이 이루어진다는 것을 의미합니다. 이전 지급은 재화나 서비스를 주고받는 것과는 무관하게 정부, 기업이 개인에게 구호품, 연금, 보조금, 보험금 등을 주는 일을 말합니다. 그리고 몇몇 독과점 기업에 다니는 이들이 이전 지급의 수혜자가 되었던 겁니다.

지대 추구 행위와 보조금을 없애라

중국은 경쟁 우위가 없는 국유 기업에 보조금을 줄 수밖에 없었던 구조입니다. 국유 기업들이 통신과 석유화학 등 국가의 기간산업을 담당하다 보니 아예 없앨 수는 없었거든요. 이들 국유 기업은 자신들의 위치를 이용해 금융기관에서 낮은 금리로 자본을 조달했고, 증시에 기업공개(IPO)를 해서 돈을 벌기도 했습니다. 이런 과정에서 국유 기업의 최고 경영자와 회장들은 상당한 부를 축적하기도 했습니다.

그렇다면 이들에게 보조금을 주고 풍부한 금융 지원을 가능하게 한 사람들은 과연 누구일까요? 바로 중소기업과 농민들입니다. 수많은 가난한 사람들이 부유한 사람들에게 보조금을 준 것과 다름없는 것이지요. 중소기업과 농민들이 낸 세금이 국유 기업 회장들의 주머니로 흘러 들어가고 있었던 겁니다. 이러니 소득 불균형이 더 커질 수밖에 없었지요.

그러니 국유 기업 회장들은 정부에서 보조금을 받고 금융기관에서는 낮은 금리로 돈을 빌리는 금융 혜택을 받기 위해 뇌물을 주고받게 되었고, 이로 인해 소득 격차와 부정부패가 더 심각해진 것입니다.

에너지 분야에서도 마찬가지입니다. 중국 헌법에 따르면 모든 자원은 국민 소유입니다. 그러나 모든 이들이 동일하게 자원을 채굴할 능력이 있는 것은 아닙니다. 1980년대만 해도 큰 문제가 없었습니다. 에너지 자원 채굴 기업은 모두 국가 소유였고, 채굴권도 기본적으로는 무료로 얻을 수 있었기 때문입니다. 석유 등 에너지 관련 상품 가격 역시 낮았습니다.

그런데 1983년 이후 석탄 산업 분야를 개혁하자 민영 기업이 참여할 수 있게 되었습니다. 여기에 외자 기업까지 들어오기 시작하면서 경쟁이 심화됐습니다. 예를 들어 수십억 위안, 수백억 위안에 이르는 가치를 지닌 광산이 있다고 합시다. 이 광산의 채굴권을 확보하는 데 겨우 수천만 위안만 내면 된다면 로비를 안 할 사람이 어디 있겠습니까? 결국 로비를 통해서 채굴권을 사들이고 이권을 챙기려는 '지대 추구 행위'와 부패가 보편화되었던 겁니다.

최근 몇 년간 언론에 등장한 산시(山西)성의 '석탄방(석탄을 이권으로 해서 돈을 챙긴 무리들로, 일종의 관피아)'이 생긴 것도 이런 이유입니다. 산시성의 지역 탄광 국장은 몇년 동안 수십억 위안을 벌었습니다. 몇몇에게 채굴권을 넘기는 대가로 돈을 받은 것입니다. 이런 것이 바로 지대 추구 행위에서 비롯된 것입니다. 이것이 바로 부패인 것이죠.

서비스 산업에도 독점이 존재합니다. 통신, 교통, 은행 분야가 대표적입니다. 독점을 하면 독점적 이익이 발생하기 때문에 너도 나도 이익을 얻기 위해 지대 추구 행위를 합니다. 조금만 뒷돈을 주면 막대한 이익을 얻기 때문이죠.

과거 중국은 자본밀집형 산업을 육성하기 위해 대규모 투자가 필요하기도 했고, 국가 경영을 위해 보호할 필요가 있는 산업이 있었습니다. 그래서 이런 산업들은 정부가 보호해줬고 그 덕에 빠른 경제 성장을 이룰 수 있었지만, 한편으로는 부패와 소득 불균형이라는 문제를 심화하게 된 것입니다.

저는 이제는 중국이 산업 보호를 그만두고 보조금도 모두 없애야 할 시기가 왔다고 봅니다. 분야마다 다를 수 있지만 중국은 적어도 2003년까지는 저소득 국가의 영역에 있었습니다. 현재 중국은 중등 소득 국가 중에서도 상당히 위쪽에 있고, 자본이 부족하다고 보기는 어렵습니다. (고소득 국가는 1인당 GDP가 1만 달러 이상이다. -역자 주) 초기에는 상황이 어려웠던 기업들도 지금은 어느 정도의 경쟁 우위를 갖췄습니다. 보조금 철폐 조건이 마련된 셈이지요. 이제는 보조 바퀴를 뗄 때가 왔다는 얘기입니다.

근본적인 해결 방안은 18차 3중 전회에서 언급된 "시장이 자원

분배에 결정적인 작용을 하게 하라"는 말을 따르는 것입니다. '결정적인 작용'이란 바로 가격이 정부의 행정 계획이 아니라 '공급과 수요의 원리'에 따라 결정되게 하는 것입니다.

금융 산업을 예로 들면 이자율과 대출 금리를 시장에 맡기면 된다는 겁니다. 그렇게 되면 보조금 제도를 없앨 수 있습니다. 보조금이 없어지면 지대 추구 행위도 사라지고, 굳이 은행이 국유 기업에 낮은 이자로 대출해주는 일도 없어지게 됩니다. 그러면 은행에 저축한 개인에게 충분한 이자를 지급하는 일도 자연스럽게 이루어질 겁니다. 개인은 조금이라도 금리를 더 쳐주는 은행에 예금을 할 것이기 때문이죠. 지금까지는 은행이 이해관계가 얽힌 국영 기업에 낮은 금리에 대출해주기 위해서 힘을 쏟았다면, 이제는 진정한 고객에게 눈을 돌릴 수 있게 되는 겁니다.

또 자원 채굴과 관련된 세금과 비용을 국제 수준까지 끌어올리면 석탄 등 자원 업계는 정상화될 것이며 더 이상 폭리를 추구할 수도 없을 것입니다.

국가 전체로도 이득입니다. 국영 기업에 주던 보조금 지급을 줄이면 정부 재정이 늘어나고, 이렇게 아낀 돈을 사회 복지와 시스템 개선에 쓸 수 있습니다. 이것이 바로 소득 불균등과 부정부패를 해결하는 근본적 방안입니다.

환경 문제, 죄수의 딜레마에서 벗어나라

환경 문제는 모든 중국인의 관심사입니다. 환경 문제를 산업의 발달과 연관 지어 설명해볼게요. 한 국가의 경제는 먼저 1차 산업인 농업을 중심으로 성장합니다. 농업은 산업의 특징으로 볼 때 분산된 구조입니다. 즉, 농사를 지을 때 에너지를 사용하는 것도, 환경 오염 물질을 배출하는 일도 제조업보다 적습니다. 경제가 어느 정도 발전하면 2차 산업인 제조업 시대로 접어듭니다. 제조업에서는 에너지 사용과 오염 물질 배출이 농업에 비해 늘어납니다. 자연스럽게 환경 오염 문제가 대두되는 시기입니다. 경제가 더욱 발전하여 3차 산업 시대에 진입하면 제조업에 비해 오염 물질 배출이 다시 줄어듭니다. 그리고 3차 산업이 발달한 국가의 경제가 고소득 단계로 넘어가면 풍부한 자금으로 환경 오염을 막을 수 있는 힘이 커집니다.

환경 문제의 특징은 보통 훼손되고 나서야 비로소 개선하려고 노력한다는 것입니다. 오래된 공업 국가, 예를 들면 영국, 독일, 미국, 프랑스 등이 그랬습니다. 신(新)공업 국가 경제인 일본과 한국도 그랬고요. 중국 역시 다른 국가들의 뒤를 쫓아갈 수밖에 없어 보입니다.

우리는 두 가지 사실에 집중해야 할 겁니다. 첫째는 현재 기술이 30년 혹은 50년 전보다 놀랍도록 좋아졌다는 사실입니다. 오염 물질 배출 정도 역시 초기 산업혁명 시기들과 비교해보면 낮아졌습니다. 둘째, 중국의 환경 보호 정책이 과거부터 현재까지 큰 문제가 있었다는 사실을 인지해야 합니다. 중앙정부와 지방정부는 원래 환경 보호에 필요한 기준을 갖고 있었습니다. 또 관련 기준에 따라 필요한 설비를 마련하는 것도 의무화했죠. 그러나 문제는 시설이 없거나 규정이 없는 것이 아닙니다. 환경 오염 방지를 위한 시설이 있지만 제대로 작동하지 않는 것이 문제입니다. 기업이 시설을 갖춰만 놓고, 비용을 줄이기 위해 제대로 가동하지 않는 것이 현실입니다.

관리 감독 문제도 있습니다. 관리해야 할 주체들이 관리 감독 비용을 줄이기 위해 환경 오염을 지켜보고만 있는 것입니다. 이게 바로 경제학에서 흔히 이야기하는 '죄수의 딜레마'입니다.

누군가 공장에 시찰을 간다고 가정해볼까요? 시찰을 온다는 소식을 들은 기업은 그제서야 환경 오염 저감 설비를 가동합니다. 이제 우리는 마음의 준비를 단단히 해야 할 때가 온 것 같습니다. 환경 오염 문제를 대할 때는 이상주의적 관점에서 벗어나야 합니다. 모두가 환경 오염 방지에 나설 거라는 선의를 기대해서도 안 됩니다. 손에 쥔 케이크를 먹어버리고서 케이크를 여전히 갖고 있을 거라고 기대해서도 안 됩니다.

향후에는 지금보다 더 잘할 수 있을 것이 분명합니다. 그러기 위해서는 중앙정부의 권한으로 각 지방정부의 환경 오염 감시를 강화해야 합니다. 과거의 일은 캐묻지 않으면 좋겠습니다. 지금 당장, 오늘부터 환경 오염 문제 해결을 위해 나서야 합니다. 지방정부가 환경 오염 관리 감독을 소홀히 하면 그 관료를 해임하는 초강수를 두라고 권하고 싶네요. 그래야만 '죄수의 딜레마'에서 벗어날 수 있습니다. 환경 문제를 해결하려는 이는 손해를 보고, 팔짱 끼고 있는 사람은 이익을 보는 제로섬 게임에서 벗어나자는 겁니다. 규정에 맞춰 환경 보호를 열심히 하는 사람이 손해 보는 일도 없어야 하겠죠. 중국은 사회주의 국가잖아요. 이 점을 잘 활용한다면 환경 문제를 잘 극복할 수 있을 거라고 봅니다.

4장

나는 아버지보다
부자로 살 자신이 없다.

토마 피케티

토마 피케티

Thomas Piketty

1971년생. 프랑스 경제학자. 경제적 불평등 문제를 다룬 저서 《21세기 자본》으로 일약 스타가 된 베스트셀러 저자다. 경제적 불평등을 내재한 자본주의의 문제점을 분석하고, 글로벌 자본세를 대안으로 제시하면서 세계 각국 지도자들의 주목을 받았다.

1971년 프랑스 파리 인근의 클리시에서 태어났고, 프랑스 고등사범학교에서 수학과 경제학을 공부했다. 22세에 프랑스 사회과학 고등연구원과 런던 정경대에서 부의 재분배에 관한 연구로 박사 학위를 받았다. 미국으로 건너가 1993년부터 3년간 매사추세츠 공과대학(MIT)에서 경제학을 가르쳤고, 1995년 프랑스로 돌아와 프랑스 국립과학연구소 연구원을 지냈다. 2000년부터 파리경제대 교수로 재직 중이다.

피케티는 역사적이고 통계적인 접근을 통한 경제적 불평등 연구에 심혈을 기울이고 있다. 경제 성장이 소득과 부의 분배와 어떤 상관관계가 있는지를 역사적이고 이론적으로 분석해왔다.

《21세기 자본》은 20개국 이상에서 지난 3세기에 걸친 경제학적·역사적 데이터를 수집해, 자본소득이 노동소득보다 우위에 있음을 밝힌 참신하고 실증적인 연구로 세계적인 주목을 받고 있다. 아울러 경제적 불평등의 정책적 대안으로 제시한 글로벌 자본세는 대담함과 파격으로 숱한 화제를 낳았다.

(중국어 원문에서 피케티가 쓴 글은 '세습자본주의'라는 부제가 붙어 있다. 세습자본주의는 중국어 원문으로 핀데#爹라고 쓴다. 아버지의 부와 권력에 의존해 살아가야 하 는 자녀가 늘어나며, 아무리 노력해도 자녀가 아버지 세대의 부를 뛰어넘을 수 없음을 의미한다. -역자 주)

저는 중국의 소득 불평등에 대해 논의하려 합니다. 우선 대표적으로 소득 불평등이 심한 미국의 예를 들어볼게요. 20세기 전반까지 미국의 소득 상위 10% 사람들의 상황은 비교적 좋았습니다. 그들의 수입은 1920년 국가 자산의 50%를 차지했지요. 1950년대에는 이 비율이 30~35%로 떨어졌습니다. 1950~60년대는 비교적 안정된 시기였으며, 모든 계층의 사람이 경제 발전의 과실을 골고루 누렸습니다. 그러나 80년대에 불평등 지수가 올라가기 시작했고 상위 10%는 다시 국가 자산의 50%를 차지하게 됐습니다. 2012년과 2013년 통계도 크게 다르지 않습니다. 이 시기 즈음해 유럽과 일본의 불평등 지수가 올라갔습니다. 물론 미국에 비하면 그리 심각한 수준은 아닙니다.

미국 소득 불평등의 원인은 교육 불평등입니다. 교육은 노동력의 질과 기술을 결정하는 요소입니다. 미국에는 세계적으로 유명한 대학이 많지만 가난한 사람은 그 대학에 들어갈 기회가 없지요. 상위 10%의 부유한 사람들이 국가의 부(富) 절반을 차지하게 된 이유도 거기에 있습니다. 심지어 1%, 0.1%에 속하는 사람들은 훨씬 더 큰 부를 누립니다. 이런 사람들은 대부분 기업의 최고 경영자입니다. 연 수입이 수백만 달러에 이르는데, 특정인에게 수입이 몰려 있다는 사실은 빈부 격차를 확대하는 주요 원인입니다.

높은 연봉을 받을 수 있는 것은 물론 교육 때문이기는 하지만, 이들의 '교육 수준'이나 교양, 지적 수준이 다른 사람들보다 훨씬 뛰어나다고 볼 수만은 없습니다. 그렇다면 빈부 격차의 다른 원인은 무엇일까요? 그건 임원의 보수를 결정하는 이사회에서 고위 임원이 영향력을 행사해 자신에게 더 높은 연봉을 줄 수 있게 만든다는 점입니다. 내가 나에게 더 많은 월급을 주기 위해 규정을 바꾼다니, 짜고 치는 도박판과 다름없죠. 여기에 덧붙여 미국 정부는 최근 몇 년간 고액 소득자에 대한 세율을 줄여왔습니다. 이런 정책이 고액 연봉자 개인의 욕심을 채우는 데만 활용되고 있다는 것이 문제의 근본 원인입니다. 고위 임원에게 많은 연봉과 보너스를 주는 것은 그만큼의 성과를 올리고 일자리를 더 많이 만들어주기를 바라기 때문이지만, 사실 돈을 많이 받는 사람이 일도 잘하느냐 하면 그런 인과관계를 찾기에는 증거가 턱없이 부족합니다. 즉, 고액 연봉자가 다른 연봉자보다 회사에 훨씬 크게 기여하고 있다는 증거를 찾기 어렵다는 거죠.

불평등을 초래하는 원인 중에는 부정부패도 있습니다. 국가별로 불평등의 원인이 크게 다를 수 있지만, 중국은 부정부패가 소득 불평등에 미치는 영향이 다른 요인보다 큽니다.

소득 불평등과 함께 관심을 가져야 할 것은 자산 불평등입니다.

이를 위해 자본의 가치를 국민소득으로 나눈 자본소득비율(피케티 비율. 수치가 클수록 부가 소수에게 집중되었다는 의미 -역자 주)을 이해해야 합니다. 최근 수년간의 자본소득비율 그래프는 U자 형태를 띠고 있습니다. 여기서 말하는 자본은 개인의 자본이자 재산을 의미합니다. 이 재산에는 부동산과 금융 소득, 주식 가치 상승으로 인한 자본소득 등이 포함됩니다. 이 자본을 국민소득으로 나누면 해당 비율이 나옵니다.

제1차 세계대전 이전의 자본소득비율은 6 정도였는데, 매우 높은 수치입니다. 제1차 세계대전이 끝나고 이 비율은 급격히 낮아졌습니다. 전쟁 기간 중 많은 사람의 자본 가치가 떨어졌기 때문입니다. 투자도 거의 일어날 수가 없었습니다. 돈이란 돈은 모두 무기를 사들이는 데 썼고 통화 팽창도 심각했습니다. 이 때문에 1950년대까지 세계적으로 개인 자산의 총량은 극히 적었습니다. 제1차 세계대전 후에 개인 자본이 차지하는 비중도 극히 적었습니다. 많은 국가가 국유화를 통해 민간 자본을 흡수했기 때문입니다. 개인이 부동산으로 얻을 수 있는 수입도 대부분 통제됐습니다.

그러나 1950년대와 60년대 이후 자본 축적 속도가 급격히 빨라졌습니다. 이는 자본소득비율이 다시 오르기 시작했다는 것을 의미합니다. 저는 자본 축적을 반대하는 것은 아니지만, 불평등이 지나치게 커지고 자본소득비율이 경제 성장률을 지나치게 웃도는 것만은 경계해야 한다고 생각합니다. 쉽게 말해, 열심히 일해서 돈을 버는 속도(경제 성장)보다 돈이 돈을 버는 속도(자본소득비율)가 더 빠르면 문제가 된다는 말입니다. 이 같은 문제를 해결하기 위해 필요한 생각은 크게 세 가지로 요약됩니다.

첫째, 세계는 세습자본주의 사회로 들어가고 있다는 사실입니다. 부모가 돈이 많을수록 자식이 돈을 더 버는 사회라는 의미로 해석할 수 있어요. 특히 일본과 유럽에서 이 같은 경향이 뚜렷합니다. 유럽과 일본의 자본소득비율은 아주 높은데, 기본적인 인구 성장 속도가 정체되어 있기 때문입니다. 경제 성장 속도가 느린 국가에서는 아무래도 노동생산성도 떨어지기 마련입니다. 이런 사회에서는 자기가 소유한 자산으로 먹고살려는 현상이 두드러집니다. 조상 대대로 축적된 자산을 후대가 물려받는 경향이 매우 강하다는 이야기도 되고요. 저는 중국 역시 이 같은 모델을 따라갈 공산이 크다고 봅니다.

둘째, 부의 불평등이 미래 사회에 어떤 영향을 줄 것인지 봐야 할 겁니다. 저는 자본소득비율이 올라가는 것을 반대하는 것이 아니라, 부가 과도하게 집중되는 것이 잘못됐다고 주장합니다. 특히 자본소득비율이 경제 성장률을 지나치게 상회하는 것은 바람직하지 않다는 입장입니다.

대부분의 나라는 다른 나라의 자본을 유치하기 위해 세금(자본세)을 낮추는 경향이 있습니다. 덕분에 자본가는 세후 자본이익률이 높아지는 효과를 누립니다. 이렇게 되면 부유한 이들만 더 많은 이득을 보는 불평등 현상이 한층 가속화될 것입니다.

금융 자유화도 부의 불평등을 심화하는 요소입니다. 금융업에 종사하는 사람들의 수입 자체가 높은데, 이들이 실물 경제에 공헌하는 정도는 생각보다 크지 않아요. 자본소득비율이 높은 상태에서 부유하기까지 한 금융 부자들은 복잡한 금융 시스템 내에서 더 많은 돈을 벌고 있습니다. 금융 자유화는 돈이 돈을 벌게 하는 데 익숙한 이들에게 날개를 달아주는 것과 같습니다.

저는 중국의 자본 통제 모델이 최고라고 말하기는 어렵다고 봅니다. 일정 부분 개혁이 필요한 것도 사실입니다. 다만 자본 진입과 퇴출에 관해 일정 수준의 관리 감독이 필요하다는 점에는 동의합니다. 가령 자본 유출과 유입에 관한 정보는 반드시 관리 감독 기구가 갖고 있어야지요.

소득 불평등의 경우 어느 정도까지는 경제 성장을 촉진하는 데 도움이 됩니다. 열심히 일해서 나도 부자가 되어야겠다고 생각하는 것 자체가 나쁘다고 볼 순 없죠. 그러나 극단적 불평등은 실로 무서운 것입니다. 유럽, 미국, 일본, 중국 역시 부자들의 재산 증식 속도가 국가 경제 성장률 혹은 가난한 사람들의 재산 증식 속도를 훨씬 앞지르고 있습니다. 저는 이 같은 현상은 영원히 지속될 수 없다고 봅니다. 만약 그렇게 된다면 과거 일어났던 전쟁이라는 비극이 반복될 수도 있다고 생각합니다.

지난 제1, 2차 세계대전이 발발한 원인은 여러 가지가 있지만 경제적 불평등도 그중 하나였다고 볼 수 있습니다. 유럽 국가 내에서 부의 집중이 너무나 심각해져 90%의 자산이 10%의 사람 손에 들어갔고, 이로 인해 사회 갈등이 야기되면서 전쟁이 촉발되었다고 보는 견해도 있으니까요.

결국 서구의 부자들은 교훈을 얻었고, 사회 개혁을 받아들이기 시작했습니다. 1950~60년대에는 불평등의 정도가 낮아졌으며 이것이 경제 발전을 저해하지 않았습니다. 가난한 사람에게도 자원을 활용할 수 있는 기회가 많이 주어졌고 사람들은 기꺼이 창업에 나섰습니다.

중국은 어떨까요? 중국 최대 전자상거래 업체인 알리바바(阿里巴巴)의 회장 마윈(馬雲)은 매우 명석한 사람입니다. 그러나 90세 이후에도 계속 총명한 상태를 유지할 수 있을까요? 그의 아들도 과연 총명할까요? 그의 아들이 그다지 유능하지 않다면 과연 어떻게 부를 쌓아야 할까요? 서구 국가들은 혁명이나 전쟁이라는 극단적인 방법으로 부유한 사람들이 사회 개혁 과정을 받아들이게 했습니다. 저는 중국이 이렇게 '험하고 굴곡진 길'을 갈 필요는 없다고 생각합니다. 혁명이나 전쟁이라는 잔인한 방법을 통하지 않고 부의 개혁을 이루어내야 한다는 뜻입니다.

셋째, 중국의 상위 10% 부자, 1% 부자가 차지하는 소득 비중은 얼마나 될까요? 현재 수치로만 보면 소득 불평등 속도가 미국보다 빠르지는 않습니다. 그러나 중국의 소득세가 제대로 집계되지 않고 있다는 사실을 잊어서는 안 됩니다. 연구자들조차 정확한 수치를 모르고 있어요. 상위 10% 부자, 1% 부자가 과연 얼마를 버는지는 알려져 있지 않습니다. 다만 실질적인 소득 불평등 정도를 추측할 뿐입니다. 그래서 중국은 개인 소득세와 관련된 통계를 제대로 파악해야 합니다. 정부도 개인들의 소득 통계를 수집하고 발표해야 합니다. 예를 들어 매년 세금을 얼마나 거둘 수 있는지 알면 모든 것이 일목요연해진다는 것이지요.

10%의 사람이 얼마나 많은 돈을 벌고 세금을 내는지 알아야 변화 추세를 파악할 수 있습니다. 유럽과 일본에서 공공 자본이 전체 자본에서 차지하는 비중은 0~10%이고, 심지어는 마이너스를 기록하기도 합니다. 2010년 이탈리아에서 이 때문에 일이 발생했는데, 이탈리아 정부 부채가 공공 자산보다 많은 나머지, 국가 자산을 다 팔아도 부채를 다 갚지 못하는 지경에 이른 것입니다. 독일, 프랑스, 영국 등은 공공 자본이 총자본에서 차지하는 비중이 조금 높은 편입니다. 서구 국가 대부분은 개인 자본이 공공 자본보다 훨씬 많습니다. 과거에는 달랐어요. 1970년대 공공 자본은 서구 국가 총자본의 3분의 1 혹은 4분의 1에 달했습니다. 1970년대 자본주의가 널리 확산되고 사유화가 급격히 진행되면서 이 비중이 낮아진 것뿐입니다.

중국의 사유재산 제도 실행과 이에 따른 소득 불평등 현상을 살펴보면 상위 10%에 속한 가정이 전체 사유재산의 60~70%를 차지하는 것으로 보입니다. 중국은 현재 공공 부문이 강했던 스웨덴식 국가 형태에서 사유재산제가 강한 미국식으로 옮겨 가고 있다고 보면 됩니다.

그러나 실제로 돈이 많은 사람들의 상황을 제대로 파악하고 있는지는 알 수 없는 노릇입니다. 부유한 이들이 정부의 조사에 참여하지 않았을 가능성도 있고요. 중국에서 수입이나 재산과 관련된 문제를 논할 때 자료의 투명성이 요구되는 이유도 여기에 있습니다.

소득세 문제 역시 중요합니다. 자본이득세와 재산세, 상속세 등의 통계는 많은 정보를 담고 있습니다. 중국 억만장자들의 상황은 언론을 통해서만 드러나고 있어서, 정부가 정식으로 데이터를 발표해야 믿을 수 있는 통계가 나올 겁니다. 중국 정부가 자본이득세·재산세·상속세 등에서 더 투명한 데이터를 발표하고 이에 걸맞은 세금을 징수하기를 바랍니다. 초기에는 자본이득세·재산세·상속세의 비율을 상대적으로 낮추고, 향후 점진적으로 올리는 방식이 필요하다고 생각됩니다.

시진핑 주석이 외치고 있는 반부패 정책은 매우 중요하지만 "호랑이와 파리를 때려잡자"는 식의 막연한 활동은 효과가 적을 거라고 생각합니다. 저는 중국이 행정 절차와 사회 시스템 내에서 체계적인 개혁을 통한 반부패 활동을 할 필요가 있다고 권하고 싶습니다.

5장

국민이 원하는 분야를 발전시키고
재산권 보호를 중시하며
기업가 정신을 고취하라.

양웨이민

양 웨이 민

楊偉民

1956년생. 지린(吉林) 대학을 졸업했다. 시진핑 주석이 직접 조장에 오른 공산당 중앙재경영도소조에서 판공실 부주임으로 몸담고 있다. 중앙재경영도소조는 공산당 최고 리더 그룹인 정치국원 25명이 경제 정책에 대한 의사결정을 할 수 있도록 각종 자료를 제공하고 의제를 조율하는 기구다. 중국은 공산당이 국가 위에 있는 특별한 지배 구조이기 때문에 중앙재경영도소조가 곧 중국 경제 정책을 사실상 조율한다.

판공실은 이 기구를 직접 보필하는 조직으로, 주임인 류허 아래에 천시원, 양웨이민, 이강, 한쥔, 수궈정, 주광야오 등 부주임 6명으로 구성되어 있다. 중앙재경영도소조가 경제 정책을 논의하고 결정하기에 앞서, 판공실이 관련 시설 혹은 지역을 시찰하고 결과를 보고한다. 중앙재경영도소조는 이 보고서를 기반으로 중요한 경제 정책을 결정한다.

양웨이민은 국가 발전 전략과 중장기 경제 전략, 경제 구조 등 주로 경제 정책을 결정하고 입안하는 업무를 맡아왔고, 좀비 기업 퇴출 등 굵직한 정책 과제를 제시했다. 국가발전개혁위원회 이사장을 지냈으며, 중국 경제를 이끄는 '중국 경제 50인 포럼'에도 참가했다.

저는 '뉴 노멀의 빅 로직(큰 논리 구조)'에 대해 설명하겠습니다. 뉴 노멀은 2015년 중앙경제공작회의의 기본 정신이자 가장 중심이 되는 주제였습니다. 또 경제를 잘 이끌기 위해 반드시 알아야 할 개념이고, 정치, 문화, 사회뿐 아니라 국가 발전과 관련해서도 중요한 의미가 있습니다.

특히 13차 5개년 경제 개발 계획(2016~2020년) 시기는 중국에서 아주 중요한 시기입니다. 중국공산당 설립 100주년이 되는 2021년에는 샤오캉사회(小康社會, 중산층이 강한 사회)에 도달해야 한다는 거시적 목표, 즉 '중국의 꿈(中國夢)'을 실현해야 하기 때문입니다. 중국은 2016~2020년 화두로 '뉴 노멀'이라는 기본 사상을 만들었습니다. 저는 뉴 노멀의 함축적인 의미와 특징, 그리고 집중해야 할 경제 사업에 관해 살펴보겠습니다.

뉴 노멀의 함축적 의미와 특징

뉴 노멀과 관련해서, 중국의 경제 정책을 논의하는 '중앙경제공작회의'에서는 세 가지 말이 나왔습니다. '뉴 노멀에 대해 알자, 뉴 노멀에 적응하자, 뉴 노멀을 이끌자'입니다. 저는 여기에서 뉴 노멀의 함축적 내용을 살펴보고자 합니다.

그 내용을 알려면 먼저 뉴 노멀을 형성하는 9가지 추세적 변화를 알아야 합니다. 2015년 중앙경제공작회의의 발표 원고는 예년에 비해 길었는데, 그중 상당 부분은 뉴 노멀에 대해 체계적으로 서술한 것이었습니다. 뉴 노멀은 결코 멀리 있는 이야기가 아니고 중국의 과거와 현실, 미래 전반에 걸쳐 다룰 수 있는 주제입니다.

첫째, 과거 중국은 소비와 구매 수요가 부족했습니다. 전체적으로 소득 수준이 낮고 모두가 돈이 별로 없었죠. 소득이 균등했던 겁니다. 또 국민 모두가 같은 물건을 구매하는, 유행을 좇는 소비 행태를 보였습니다(한국도 마찬가지였죠). 당시 소비는 남의 소비를 모방하는 것이 특징이었습니다. 대표적인 예가 1980년대 유행했던 '쓰따젠(四大件, 4대 필수품)'입니다. 개혁 개방 전에는 '손목시계·자전거·라디오·재봉틀'을 가리켰는데, 1980년대엔 '냉장고·컬러TV·세탁기·캠코더'로 변했습니다. 주택, 휴대전화, 자동차도 모방 소비의 범주에 들어가겠네요. 지금은 모방 소비가 모두 사라지진 않았지만 보다 다양화되고 개성을 추구하는 것으로 변하고 있습니다.

이러한 변화는 중국이 소비를 늘리는 데 큰 영향을 주었음은 물론이고, 거시경제에 대한 관점이 시대와 함께 변하고 있음을 보여주었습니다. 이런 상황에서 앞으로 중국 정부의 뉴 노멀은 어떻게 되어야 할까요? 바로 감세와 보조금 정책을 통해 소비 수요를 창출하기 위해 노력해야 한다는 것을 알 수 있습니다. 경제 발전에서 소비 확대는 기본 중의 기본이니까요.

둘째, 투자 수요 측면에서 뉴 노멀을 살펴볼 필요가 있습니다. 과거엔 투자가 항상 경제 성장의 원동력이었습니다. 하지만 중국이 지난 35년간 추진해온 대규모 투자 사업은 밑바닥을 보이고 있고, 제조업 현장에서 생산 과잉 문제가 현실화된 지 오래입니다. 주택 수요는 급증하다가 요즘은 어느 정도 안정되었습니다.

사회간접자본(인프라스트럭처)은 좀 다릅니다. 12차 5개년 계획 기간 중에 중국 전역에 고속도로망과 고속철도망에 대한 투자가 늘면서 사회간접자본이 크게 달라졌습니다. 그렇긴 하지만 농촌의 공공시설과 지하철을 포함한 대중교통망, 생태 환경 보호와 복원을 위한 시설에 대한 투자는 아직 미미해서 여전히 수요가 큽니다. 그런데 이런 영역의 투자는 공통점이 있습니다. 바로 공공성이 강해 투자 수익률이 낮다는 점입니다.

중국판 혁신, 중국판 창조경제 면에서도 마찬가지입니다. 발상의 전환이 필요합니다. 중국은 과거 제조업 분야에서 혁신을 이끌어냈습니다. 그러나 첨단 기술과 기술 위주의 기업에는 투자가 이루어지지 않았습니다. 제조업체처럼 기술만 가지고는 담보물을 제공할 수 없는 분야였기 때문입니다. 예를 들면 바이오 기업 등 혁신 기술을 가진 신생 벤처기업은 3년 내에 수익을 내지 못하면 주식시장에 상장될 수 없었고 자본시장에서 자금을 끌어모을 수도 없었습니다. 그러다 보니 새로운 투자 기회가 있어도 옛날식 투자 관행 때문에 과감하게 투자할 수 없었죠. 뉴 노멀 시대에는 과거의 투자 관행을 타파하고 새로운 투자 방식을 만들어 투자가 지속적으로 이루어질 수 있게 해야 할 것입니다.

셋째, 수출과 국제수지 측면에서 뉴 노멀을 바라볼 필요가 있습니다. 중국은 값싼 노동력을 무기로 무역자유화라는 배경을 등에 업고 수출을 늘렸고, 이것이 경제 성장을 이끄는 주요 동력이었습니다.

하지만 현재는 전 세계적으로 경제가 어려워지면서 수요가 줄고, 중국 내부에서는 인건비가 상승하는 상황에 처해 있습니다. 수출을 통한 경제 성장이 점차 둔화되고 있다는 것이지요.

과거 중국이 대외 개방 전략을 택한 이유는 두 가지였습니다. 하나는 시장이 필요했고, 다른 하나는 자금이 필요했기 때문입니다. 현재는 상황이 좀 달라졌습니다.

중국의 생산과 자금이 모두 '저우추취' 전략(走出去, 중국의 대외 개방 정책 중 하나로, 중국 기업이 글로벌 기업과의 기술 합작을 통해 해외 시장과 자원을 이용하여 글로벌 기업으로 성장한다는 전략)을 통해 바깥으로 나가고 있다는 겁니다. 이로 인해 내수가 줄어들 위험성이 큽니다.

앞으로는 수출만이 능사인지도 심각하게 생각해봐야 할 겁니다. 수입과 수출, 자금 유입과 대외 투자 등에서 적절한 균형을 이루며 국제수지를 개선해야 한다는 것이 뉴 노멀 시대의 과제가 된 것이죠. 물론 이에 걸맞은 인재를 육성하는 일도 필요합니다.

넷째, 생산 능력 측면에서 뉴 노멀을 봐야 합니다. 과거에는 공급 부족이 문제였습니다. 쉽게 설명하면, 물질문화의 수요는 날마다 늘어나는데 이를 뒷받침하지 못하는 생산이 문제였던 것이죠. 그래서 투자를 통해 생산 능력을 확충하는 것이 효과를 거두었습니다.

하지만 이제는 전통 산업의 공급 능력은 이미 수요를 넘어섰고, 일부 산업은 물리적 최고점에 가까워졌습니다. 철강이 대표적인 예겠죠. 철강의 공급 과잉 때문에 철강 값이 폭락하는 사례도 있어왔습니다. 초과 공급은 결국 산업의 성장 속도를 늦추고 구조조정을 불가피하게 만드는 부정적 악순환을 초래합니다. 저는 대규모 구조조정도 필요하겠지만 오히려 첨단 산업과 서비스업의 발전을 촉진하는 것이 더 맞다고 봅니다. 언제까지 '상대압소(上大壓小, 작은 것을 줄이고 큰 것을 만든다)' 전략만 반복할 수는 없는 노릇입니다. (상대압소는 중국의 전력 사업을 설명하는 용어로, 에너지 효율이 떨어지는 작은 발전소를 없애는 대신 에너지 효율이 큰 대형 발전소를 만들게 하는 정책을 말합니다. 큰 발전소 하나를 지으려면 같은 용량에 해당하는 만큼의 소형 발전소를 인수해 폐쇄하라고 중국 정부가 요구하기 때문에, 해외 발전소 업체들이 중국에 진출하는 데 어려움을 겪고 있습니다. -역자 주)

다섯째, 뉴 노멀 시대의 생산 요소를 살펴볼까요? 중국은 노동력이 풍부하고 스펙트럼도 매우 다양했지만 기술과 경영 능력은 외국보다 부족했습니다. 그런데 뉴 노멀 시대인 현재 고령화 추세로 노동력이 감소하고 있습니다. 어르신들이 주로 농사를 짓고 있는데, 이분들마저 안 계시게 되면 농촌 노동력 총량 역시 줄어들 것으로 보입니다. 과거에 노동력 측면에서 지녔던 이점이 사라지는 것이죠. 물론 선진국과의 기술 격차는 많이 줄어든 것이 맞습니다. 그렇다고 해서 안심할 수는 없습니다. 뉴 노멀 시대는 이전에 비해 성장 동력이 약해지는 상황이다 보니 기술 진보에 더욱 박차를 가해야 할 것입니다.

또 하나, 첨단 기술 못지않게 중요한 것이 뛰어난 경영 능력입니다. 경영 능력이란 결국은 '사람'이 하는 일이니, 인적 자원에서 기술 못지않은 혁신적 변화가 수반되어야 하겠죠.

여섯째, 규모와 가격에 대한 생각 역시 뉴 노멀 시대에는 달라져야 합니다. 기업 대부분은 규모의 경제를 선호했습니다. "큰 것이 무조건 좋다, 낮은 가격은 돈이 된다"라고 여겼던 것이죠. 뉴 노멀 시대는 다릅니다. 이제 시장에서는 품질이 좋은 상품, 차별화된 상품이 경쟁력 있다고 여깁니다. 싼 게 비지떡이 될 수도 있다는 거죠.

거버넌스(governance)도 문제가 될 수 있을 겁니다. 중국은 과거에 중앙정부와 지방정부의 간섭이 무척 심했습니다. 사소한 것까지 모두 간섭했고 수많은 규제가 존재했습니다. 과거엔 그렇게 간섭하고 규제해도 기업들과 개인들이 버틸 수 있었을지 모릅니다. 자원도 넉넉했고요. 그러나 이제 자원은 점점 부족해지고, 한정된 자원을 효과적으로 사용하기 위해서라도 뉴 노멀 시대엔 다른 정책을 펴야 할 것입니다.

일곱째, 환경 측면에서도 관점을 바꿔야 합니다. 그간 물과 토지, 광산 등 천연자원은 비교적 자유롭게 개발되었습니다. 대규모 개발이 빠르게 진행된 이유죠. 하지만 천연자원과 생태 환경을 마구 개발하는 것은 이미 한계에 이르렀습니다. 심각한 자연 훼손으로 스모그와 미세먼지가 심각한 것은 모두 잘 아시는 일입니다. 중국인뿐 아니라 세계 모든 사람들이 생태 환경 개선을 요구하고 있습니다. 저는 국가 발전의 궁극적 목표는 국민의 욕구를 충족하는 것이라고 생각합니다. 이제는 'GDP 증가'가 아닌 'APEC 블루(중국 당국이 APEC 기간 중 스모그 현상을 줄이기 위한 조치를 취한 뒤 나타난 푸른 하늘을 뜻함)'를 원하는 것으로 나타나고 있습니다. 1년 365일 하늘이 맑으면 더 좋겠지만요. 중국인들은 품질 좋은 친환경 제품에 대한 수요가 높습니다. 저탄소 친환경 발전이라는 새로운 시스템을 만들어나가는 것이 이제 중국의 뉴 노멀이 되었습니다.

여덟째, 경제 위기를 해소하는 방식도 과거와는 달라져야 합니다. 중국은 그동안 정부가 직접 나서 고속 성장과 대규모 산업 위주의 발전을 촉진해왔습니다. 이런 과정에서 정부는 자금을 지원하기도 하고 각종 규제와 간섭을 해왔던 거죠. 이제는 숨겨졌던 경제 위기가 수면 위로 드러나고 있습니다. 부동산 분야가 대표적입니다. 그동안 부동산 가격이 가파르게 상승하면서 은행의 부실 대출이나 수익성이 나쁜 부동산 개발 프로젝트는 수면 아래 감춰져 있었습니다. 부실 기업들은 부실한데도 자금을 지원받았고 이 때문에 '좀비(중국에서는 강시) 기업'이 살아남은 것도 비슷한 예입니다. 이제 경제 성장이 느려지면서 '좀비 기업'의 부채 문제가 수면 위로 떠올랐습니다. 이런 문제는 단기간에 해결할 수 없습니다. 앞으로는 문제의 본질을 정확하게 파악하고 구체적인 상황에 맞춘 해결책을 찾아 다시는 이런 종류의 위험을 떠안지 말아야겠죠.

아홉째, 자원 배분의 형식과 거시 경제 측면에도 시사점이 있습니다. 과거에는 재정 지출과 투자를 확대하면 빠른 시일 내에 효과가 있었습니다. 1998년 아시아 금융위기와 2008년 국제 금융위기 당시, 중국 정부는 재정 지출을 늘려 가시적인 효과를 거뒀습니다. 그러나 지금 상황에서는 이런 종류의 정책 효과가 큰 도움이 되지 않습니다. 또 과거처럼 될 산업 위주로 밀어주는 '차별적 정책 지원'을 통해 특정 산업을 육성하는 방식은 이제 끝났다고 보입니다.

이제는 국가 전체의 수급 상황 변화를 인식하고 거시 경제 차원에서 과학적인 통제 방법을 찾아야 합니다. 동시에 시장이 요구하는 미래 산업의 발전 방향을 탐색하고 새로운 성장 동력을 찾아 발전시켜야 합니다.

이렇게 짚어본 9가지 추세적 변화는 경제가 뉴 노멀 단계에 진입했다는 의미이면서 뉴 노멀이 형성된 내적 원인이기도 합니다. 개혁 개방 이후 지난 40여 년간 중국은 끊임없는 경제 성장을 이루어왔습니다. 지금은 양적 성장에서 벗어나 질적 성장의 변화를 촉구하는 시기에 다다른 것입니다. 뉴 노멀은 경제의 변화를 보여주는 키워드이면서, 더 복잡한 상황 속에서 합리적으로 경제를 운영해야 한다는 당위성을 설명하는 키워드입니다. 현재와 미래의 중국 경제가 발전해야 할 논리이기도 합니다.

뉴 노멀에 적응하기

'뉴 노멀에 적응'한다는 것은 바로 뉴 노멀의 4가지 기본 특징에 적응하는 것입니다. 4가지 특징을 요약하면 다음과 같습니다.

첫째, 성장 속도가 고속에서 중속으로 바뀌었다.

둘째, 경제 발전 방식이 조방형 성장(양을 늘림으로써 생산량을 높이는 경영 방식)에서 집적형 성장으로 바뀌었다.

셋째, 무턱대고 양을 늘리는 것에서, 적절한 양을 측정하여 조절하면서 지속 가능한 발전을 꾀하는 것으로 경제 구조가 바뀌었다.

넷째, 전통적인 성장 동력에서 벗어나 새로운 성장 동력을 찾아야 한다.

이런 뉴 노멀의 4가지 기본 특징에 맞춰 법과 제도 정비에도 박차를 가해야 합니다.

뉴 노멀 이끌어가기

모든 경제 프로젝트는 사고(思考)의 방향과 중심을 고려해서 추진해야 합니다. 저는 뉴 노멀 경제 프로젝트가 '한 가지 목표와 8가지 중심 아이디어'를 갖길 바랍니다. '한 가지 목표'는 결국 경제가 질적으로 발전하고 효율성이 올라가야 한다는 것입니다. '8가지 중심 아이디어'는 앞으로 모든 경제 프로젝트가 중시해야 할 것들을 의미합니다.

1. 성장만 추구하는 것이 아니라 국민이 원하는 분야를 발전시킨다.

2. 시장과 수요 심리를 분석한다.

3. 시장 변화에 집중하고 사회가 향후 나아갈 방향을 예측하는 데 최선을 다한다.

4. 기업과 개인의 재산권 및 지적재산권 보호를 중시한다.

5. 기업가 정신을 고취한다.

6. 교육을 강화하고 인재를 발탁한다.

7. 사람과 자연의 조화를 추구하고 친환경 생태 문명을 건설한다.

8. 과학 기술의 진보와 창조를 중시한다.

6장

고령화 사회에서는
혁신을 기대할 수 없다.

량젠장

량젠장

梁建章

씨트립(Ctrip · 携程旅行網) 창업주 겸 CEO. 씨트립은 아시아 최대의 온라인 여행사로 중국 상하이에 본사를 두고 있다. 매년 2억 5,000만 명이 씨트립을 통해 여행을 떠나거나 항공, 숙박 등을 예매한다.

량젠장은 이 아시아 최대 온라인 여행사의 회장이기도 하지만 또 하나의 직함이 있다. 바로 '인구학자'다. 2015년 량젠장은 중국경제인물상을 수상했다. 온라인 여행업계에서 이룬 성과 못지않게 인구 문제 연구를 통해 세상에 내놓은 결과물도 많다는 평가다.

량 회장은 2012년 사회과학 서적인 《중국인이 너무 많다고?》를 출간하면서 중국 저출산 문제를 적나라하게 지적했다. 회사를 벗어나면 인구학자로 살아가는 그는 중국에서 천재 중의 천재로 일컬어진다. 15세에 상하이 푸단 대학에 입학해 컴퓨터공학과 본과 과정을 이수했다. 미국 명문대 조지아 공대 석사학위를 손에 넣은 것도 20세다. 온라인 여행사 씨트립을 성공적으로 창업한 후에도 스탠퍼드 대학과 시카고 대학에서 박사 과정을 밟았다. 현재 베이징 대학 국가발전연구소 석좌 연구원을 거쳐 베이징대 광화관리학원(경영학원) 경제학 교수를 겸임하고 있다. 양질의 글을 올리는 파워블로거이기도 하다. 그는 미국 소프트웨어회사인 오라클의 중국 사업 자문 총책을 맡기도 했다. 또한 중국 정부가 35년 만에 한 자녀 정책을 전면 폐기한 데도 결정적인 역할을 했다고 알려져 있다. 그는 자유로운 출산, 여성 권익 확대 등을 공론화하면서 인구 문제가 경제에서 핵심임을 강조했다.

미래의 중국은 과연 구조조정에 성공해 창조경제를 꽃피운 국가가 될 수 있을까요? 모두들 많은 기대를 갖고 있습니다. 물론 어떤 이들은 중국이 아직도 부족하다고 말합니다.

혁신과 창업을 측정하는 것은 사실 복잡한 문제입니다. 창업투자, 특허권, 연구개발(R&D) 인력 숫자 등 간단한 데이터뿐 아니라 많은 요인을 고려해야 하기 때문입니다.

그래도 경제 연구는 언제나 데이터로 말해야 하기 때문에 저는 여기서 비교적 권위 있는 지수를 인용하려 합니다. 혁신과 창업, 수출과 수입을 통계로 만들어 국가에 적용한 지수를 도출했고, 이를 그림으로 나타냈습니다(그림 2).

그림의 가로축은 1인당 GDP, 세로축은 혁신지수를 보여줍니다. 원은 국가의 크기인데, 국토 '면적'을 의미하진 않습니다. 사실 국토가 얼마나 넓은가는 중요하지 않습니다. 여기서 국가의 크기는 인구 규모입니다. 가장 큰 하얀색 원 두 개 가운데 아래에 깔린 것이 인도, 중간쯤 있는 것이 중국입니다. 약간 작은 원으로 오른쪽 맨 위에 있는 나라는 미국입니다. 중국이 중간에 위치한다는 것은 중국이 중등 소득 국가임을 보여줍니다. 중국의 혁신창업지수는 다른 선진국에 비해 약간 낮습니다. 그러나 1인당 GDP 수준이 비슷한 다른 나라와 비교하면 무척 높은 편입니다. 게다가 격차도 50%가량 됩니다. 중국과 발전 수준이 비슷한 나라는 어떤 나라일까요? 브라질, 말레이시아가 이에 해당합니다. 이들의 1인당 GDP는 중국과 비슷하지만 혁신지수는 중국보다 크게 떨어집니다.

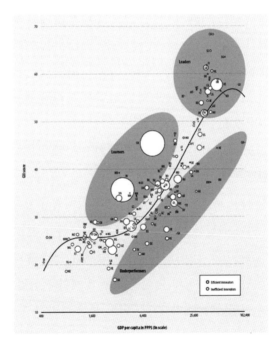

그림 2)
세계혁신지수(Global Innovation Index, GII)와 구매력 평가 1인당 GDP의 상관도(원의 크기는 인구에 비례)

자료 출처:
Global Innovation Index 2012

이 그림이 왜 중요할까요? 이를 통해 한 나라의 잠재력을 확인할 수 있기 때문입니다. 혁신창업지수가 1인당 GDP보다 높다면 가까운 시기에 경제 성장을 이룰 수 있음을 의미합니다. 이것의 역도 성립합니다. 창업지수가 1인당 GDP보다 낮으면 성장 동력이 떨어졌다는 의미가 되겠지요. 이 그림을 보면 중국은 높은 경쟁력을 갖추고 있습니다. 향후 수년간 중국의 혁신 창업 활력은 무척 높은 편이고 성장 역시 낙관적으로 보입니다. 혁신과 관련해 상황이 비교적 좋은 나라는 인도입니다. 인도는 중국보다 빈곤하지만 발전 수준은 GDP 수준이 같은 국가들보다 앞섭니다. 그림에서 오른쪽 아래에 타원형으로 진하게 칠해진 원은 발전 수준보다 혁신창업지수가 낮은 국가들을 뜻합니다. 여기에는 남미 국가가 많습니다. '남미 함정'이라는 말도 있었는데, 이들 국가는 어느 시점에는 부유해졌지만 혁신 능력이 부족해 발전이 낙후됐다고 평가받고 있습니다.

중국은 남미와 같은 중진국 함정에 빠지지는 않을까요? 중진국 함정은 혁신 부족에 기인하는데 다행스럽게도 중국에서는 아직까지 이런 문제가 보이지 않습니다. 잠재력이 크다고 할 수 있죠.

이유가 뭘까요? 중국은 왜 혁신 능력이 높고 창업 활력이 높을까요? 이를 알아내기 위해선 혁신의 근본 동력이 무엇인지 살펴야 합니다. 중국의 혁신은 정부 정책이나 산업 정책에서 나온 것이 아닙니다. 제가 볼 때 어느 국가든 가장 부족한 것은 바로 인재입니다. 중국의 인재 지표인 연구개발 인력을 보면 이미 100만

명 수준에 달합니다. 비슷한 소득 수준인 브라질, 멕시코 같은 나라를 가뿐히 뛰어넘지요. 게다가 엔지니어와 과학자 등 우수한 인력의 증가 속도 역시 무척 빠릅니다. 물론 이 숫자는 미국, 한국과 같은 선진 국가와 비교하면 크게 부족합니다. 하지만 중국의 추격 속도가 빠르다는 것을 잊지 마세요.

다음으로 인재가 갖고 있는 두 가지 중요한 효과에 대해 알아볼게요. 하나는 규모 효과, 다른 하나는 구조 효과입니다. 규모 효과는 100명이 함께 모여 있을 때 발휘하는 능력이 10명이 모여 있을 때의 10배보다 많다는 것입니다. 20배, 30배까지도 가능하다고 저는 생각합니다. 일반적으로 말하는 규모의 경제와 같은 의미입니다. 저는 인재들의 시너지에도 이것이 적용될 거라고 봅니다.

세계에서 가장 우수하고 활발한 혁신센터는 미국 실리콘밸리입니다. 세계의 가장 혁신적인 인재들이 모여 있는 곳이죠. 실리콘밸리를 뚝 떼서 본다면 이곳의 인재가 내뿜는 부가가치의 산출량은 미국 및 세계 어떤 나라보다 앞섭니다. 미국은 창업 자본의 거의 절반에 해당하는 양을 모두 실리콘밸리에 쏟아붓고 있습니다. IT뿐만 아니고 다른 분야의 혁신센터들도 있습니다. 예를 들어 문화 혁신센터로 영상 제작의 메카인 로스앤젤레스(LA) 역시 규모의 효과를 만들어내고 있습니다. LA에 집중된 인재들이 LA를 문화 혁신산업의 메카로 키우고 있는 것이죠. 뉴욕은 금융 방면에서 규모의 효과를 거두고 있습니다. 미국이 이렇게 성공할 수 있었던 이유는 인재가 가져오는 규모의 경제 효과와 떼려야 뗄 수 없습니다.

　중국 역시 미국처럼 될 가능성이 있을까요? 매우 높다고 봅니다. 비록 교육 수준과 내용, 인재의 질은 선진국에 비해 부족하지만 적어도 인원수로는 이미 선진국 수준에 도달했다고 봅니다. 게다가 이 인재들, 젊은이들이 많은 경험을 쌓고 국제적인 시야를 갖추면서 앞으로 중국은 모바일 등 정보 통신 분야, 영상 및 영화 등 문화산업, 혹은 다른 산업의 인재 센터를 갖추게 될 가능성이 매우 큽니다.

　저는 여기서 인구의 연령 구조에 대해 지적하고 싶습니다. 제가 수년간 가장 관심을 가진 분야가 인구 정책입니다. 사실 연령 구조는 혁신 및 창업과도 깊은 관련이 있습니다. 데이터를 보면 40~50대가 다양한 방면에서 능력을 발휘하고 있습니다. 청년에 뒤지지 않지요. 특히 기업 관리, 소통, 심지어 개량적인 혁신 측면에서도 뛰어납니다. 하지만 차세대 정보 통신과 인터넷 분야에서는 이른바 '전복형(顚覆型)' 혁신이 필요합니다. 하나의 회사를 완전히 새롭게 바꿔야 하고, 완전히 새로운 모델을 만들어야 한다는 것이죠. 이런 분야에는 아무래도 젊은이들이 적합합니다. 모험을 불사하고 100% 전력을 쏟을 수 있는 사람들 말입니다. 대기업은 리스크를 지길 싫어하고, 재무상의 문제, 상여금 등 인센티브 제도, 직원들의 고령화 등 여러 가지 원인으로 인해 '전복성 혁신'을 하기 어렵습니다.

　예를 들어볼까요? 일본의 여러 첨단 과학 기술 기업과 미국의 기업을 비교하면 차이를 알 수 있습니다. 미국 기업의 70~80%는 설립된 지 20~30년이 안 된 신생 기업입니다. 젊은 기업가들이 창업했고 기본적으로 '전복형 기업'입니다. 스마트폰도 그렇고 소셜 커머스도 그렇고 업종 자체를 새로 만들어낸 것이죠. 일본에서는 이러한 방식을 찾기 어렵습니다. 선진 기술을 갖춘 일본의 기업들 역시 끊임없이 특허를 신청하고 세부적인 혁신은 진행하고 있어요. 하지만 그런 일본 기업은 미국의 신흥 기업에 의해 도태되어 지금은 곤경에 빠진 상태입니다. 샤프(Sharp)가 대표적인 예라고 할 수 있습니다.

연령 구조와 혁신 창업과의 관계에 대해 연구를 가장 많이 한 곳은 사실 일본입니다. 일본은 세계에서 가장 먼저 노령화 국가에 진입했습니다. 제2차 세계대전 이후 신생아가 급격히 줄어든 것이죠. 미국, 유럽은 일본과 달리 베이비 붐 시기를 겪었습니다. 반면 일본의 출산율은 줄곧 세계 최저 수준이었고, 이 때문에 1990년대부터 고령화가 빠르게 진행됐습니다. 기업을 보면 1960~70년대는 모두 20~30대, 30~40대의 청년, 장년층이 주도했습니다. 1990년대부터 지금까지는 40~50대, 50~60대가 주력 인재입니다. 일본의 경제 활력과 경제 성장률은 사실 1990년대에 크게 하락하기 시작한 것입니다. 물론 불황의 또 다른 원인으로는 부동산 버블 붕괴와 금융 구조상의 문제가 있지만 그것도 이미 20~30년이 지난 이야기입니다. 저는 이 모든 차이를 가져온 진정한 원인은 인구 구조에 있다고 봅니다.

일본과 미국의 차이를 살펴볼까요? 일본은 최근 20~30년간 새로운 기업을 만들지 못했습니다. 지금 있는 기업들은 대부분 오래전에 설립되었고 이미 노쇠한 상태입니다. 일본 기업 창업자 중 지금까지 건재한 인물은 많지 않습니다. 반면에 미국의 많은 기업은 젊은 창업자들이 경영을 맡고 있습니다. 페이스북(Facebook)의 마크 저커버그(Mark Zuckerberg) 등이 대표적이겠지요.

왜 일본 기업은 노쇠하고, 혁신과 창업이 사라졌을까요? 승진 시스템이 하나의 원인입니다. 일본 기업도 수십 년 전에는 30세 전후에 임원 지위까지 승진할 수 있었습니다. 게다가 10여 명은 중요한 정책을 결정하는 지위까지 승진할 수 있었습니다. 하지만 인구 구조가 바뀌면서 40세가 넘어서야 비로소 임원에 오를 수 있게 된 것이죠. 실질적으로는 50세가 되어야 한 부문의 임원이 됩니다. 청년의 발언권 및 이들이 가진 사회적 자원은 곤궁해질 수밖에 없었고, 이들이 구축할 수 있었던 인적 네트워크도 모두 약화됐습니다.

노령화 사회에서 아무래도 노년층이 절대다수를 차지하다 보니, 막상 청년층은 주류에서 밀려나 주변화됩니다. 청년이 일자리를 찾는 것도, 창업을 하는 것도 무척 어렵게 되어버렸습니다. 데이터 역시 이를 잘 반영합니다. 실제로 일본 젊은이들의 창업 활동은 미미한 편입니다. 일반적으로 거의 모든 국가는 30세 전후의 연령대가 창업을 가장 많이 합니다. 그러나 일본의 30대 창업 비율은 의외로 50대보다 낮다는 통계가 있습니다. 이것이 노령화 사회의 가장 큰 문제점이지요.

일본뿐 아니라 세계 다른 나라의 데이터도 살펴볼까요? 관련 자료를 분석한 결과 인구 구조의 노령화가 심한 국가일수록 창업 활력이 약한 것을 확인할 수 있었습니다. 노령화와 창업 활력의 상관성 혹은 영향력이 무척 크다고 밝혀진 것입니다.

중국 상황을 볼까요? 당연히 아직까지는 '젊은 나라'에 속합니다. 꾸준히 시행된 산아 제한 정책은 1980년대에 시작된 것입니다. 이 정책이 점차 엄격해져 '한 자녀 정책'으로 굳어졌던 것이고요. 1980년대 이후 출생한 인구는 거대한 집단을 이루고 있습니다. 하지만 1990년대 들어 중국에서 계획 출산이 엄격해지고 도시화, 생활 수준 향상 등 여러 요인이 겹치면서 기본적으로 아이를 낳으려는 의지가 크게 줄어들었습니다. (두 자녀가 허용된 지금도 두 번째 자녀를 갖겠다는 응답이 적은 편이다. -역자 주)

중국은 세계 인구의 20%를 차지하는데 현재 세계에서 출산율이 가장 낮은 나라에 속합니다. 다소 과장됐다고 할 수 있을지 모르지만, 신생아 비율로 볼 때 중국은 전 세계 신생아 가운데 11%를 차지하는 데 그치고 있습니다. 미래 인구 규모에서 다른 나라가 중국을 추월할 가능성도 있습니다. 또 다른 인구 대국인 인도가 중국을 추월할 거라는 전망도 나오고 있습니다.

현재 상하이, 베이징과 같은 대도시에 사는 부부 한 쌍은 평균 자녀 한 명을 낳는 데 그칩니다. 이는 한 세대를 거칠 때마다 인구가 절반으로 줄어든다는 의미입니다. 결론적으로 현재 중국의 한

세대는 1.2~1.3명의 아이를 낳고 있습니다. 세대당 인구가 절반으로 감소할 수 있어서 무척 위험한 수준으로 보입니다.

노동력 측면에서 볼까요? 우리가 흔히 이야기하는 '인구 보너스'는 전체 인구 가운데 노동 인구가 차지하는 비율을 말합니다. 중국의 노동 인구는 이미 완만하게 감소하기 시작했습니다. 이 자체는 큰 문제가 아닐 수 있습니다. 하지만 인구 총규모가 감소하는 가운데 인구 구조까지 크게 변하고 있다는 사실이 문제지요. 아이가 태어난 시점에는 당장 느낄 수 없지만 10~20년이 지난 뒤 이들이 일자리를 찾을 시점이 되면 파급 효과는 클 것입니다. 앞으로도 중국이 지금 같은 출생률을 유지한다면 역피라미드형 인구 구조로 바뀝니다. 이런 인구 구조의 가장 큰 문제는 전체 노동 인구는 줄어들고 인구 구조는 노령화되면서 '규모의 효과'가 줄어든다는 겁니다. 인구 구조의 노령화는 전체 사회의 노화를 초래합니다. 그리고 노인들로 포화 상태가 되면 사회 전반의 혁신 창업 활력이 낮아지게 됩니다.

중국처럼 드라마틱한 인구 구조상의 변화, 그리고 낮은 출산율은 세계 다른 어떤 나라도 경험하지 못한 수준입니다. 그림을 통해 말씀드릴게요. 오른쪽 그림 3은 일본과 중국의 노동가능인구 비율을 나타낸 그림입니다. 이를 보면 일본은 실선이고 중국은 점선입니다. 중국의 인구 구조는 실제 일본과 비교할 때 20~30년을 두고 따라가는 모습입니다. 이는 미래 중국도 일본이 직면한 것과 같은 노령화를 경험할 것임을 보여줍니다. 게다가 노령화 속도가 매우 빠릅니다. 엄격하게 실행해온 한 자녀 정책 때문이지요. 반면 일본은 자연적으로 노령화가 진행된 것에 불과했습니다.

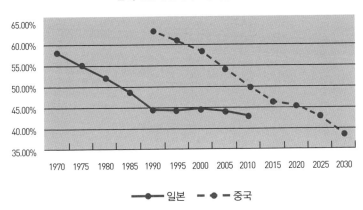

그림 3) 일본과 중국의 노동가능인구 비율

일각에서는 심지어 인구가 줄어드는 것이 좋다고 오해하는 경우도 있습니다. 예를 들어 인구 감소에 장점도 많다는 설입니다. 인구 대비 자본이 더욱 많아지고 취업이 쉬워지고 환경도 좋아지고 도시 혼잡도 완화된다는 논리입니다. 저는 이 모든 것이 오해라고 생각합니다.

간단한 예를 들어 설명해볼게요. 저는 최근 브라질을 방문할 기회가 있었습니다. 브라질은 넓은 면적에 비해 인구가 적은 나라입니다. 그러나 최대 도시인 브라질리아의 인구 밀도는 매우 심각한 수준입니다. 환경 오염 역시 심각합니다. 이건 도시의 절대 인구와는 직접 관련이 없습니다.

미래 인구는 모든 지방의 가장 중요한 핵심 경쟁력이 될 것입니다. 예컨대 중국 허난(河南)의 인구는 다른 지역들과 비교해볼 때 가장 많은 수준이고 인구 밀도 역시 가장 높습니다. 나중에는 허난성이 더 경쟁력을 갖출지도 모를 일이죠. 인구 문제는 종합적으로 들여다봐야 합니다. 인구가 줄어들면 많은 어르신을 젊은이들이 챙겨야 하기 때문에 양로 부담이 가중됩니다.

또 하나, 인구가 줄어들면 혁신을 하기 어려워집니다. 중국 부흥의 근본은 여전히 혁신과 창업 능력이라고 봅니다. 그리고 결국 이 근본은 인재에 달려 있습니다. 인재의 근본은 인구가 결정합니다. 저는 중국의 미래를 낙관적으로 봅니다. 혁신과 창업 기회, 그리고 지속 가능한 경제 발전을 이룰 능력이 충분합니다. 그러나 10년, 20년 이후에도 중국이 지속 가능한 발전 능력을 갖추기 위해서는 인구 측면에서 고민하고 노력해야 합니다. 중국은 인구 정책을 철저히 개혁하고, 출산 정책도 한 자녀 정책을 완화하는 수준이 아니라 완전히 폐지해야 한다고 생각합니다.

7장

자원이 많아야 창업에 성공할 수 있다는 논리는
대기업이 창업할수록 유리하다는 말과 같다.

레이쥔

雷軍 레이쥔

1969년생. 샤오미(小米, 좁쌀이라는 뜻) 테크놀로지 창업자, 회장 겸 CEO. 샤오미는 처음에는 짝퉁 애플이라는 평가를 받았지만, 꾸준히 신제품을 내면서 대륙의 실수가 아닌 대륙의 실력으로 평가받는 기업으로 성장하고 있다.

레이쥔은 1969년 중국 후베이성 센타오(仙桃)에서 태어났다. 바둑을 좋아하던 그는 센타오 고등학교 바둑 챔피언이었다. 독서도 좋아해 매달 간행되는 〈소설 월보(小說月報)〉를 꼬박꼬박 챙겨 보았다.

그가 바둑과 책 못지않게 좋아한 것은 컴퓨터였다. 1987년, 우한 대학 컴퓨터과에 합격한다. 그가 대학 1학년 때 만들었던 파스칼 프로그램은 그가 2학년이 되자 1학년 교재에 포함되기도 했다. 학과 교수를 돕는 조건으로 컴퓨터실 열쇠를 받아 컴퓨터를 마음대로 쓰면서 프로그래밍을 연구했다. 2년 만에 대학교 4년 과정을 모두 이수했다. 대학 3학년 때 친구와 함께 백신 프로그램 '면역90'을 개발해 후베이성 대학생 과학경진대회 1등을 차지하기도 한다. 대학 4학년, 레이쥔은 친구들과 세상의 색깔을 이루는 삼원색을 의미하는 '삼색(三色)'이라는 컴퓨터 부품 회사를 설립한다. 그는 벤처회사 킹소프트를 세워 키우는 데 20~30대를 바친다. 킹소프트가 2007년 상장되고, 자신이 최고의 자리에 올랐을 때 킹소프트를 떠난다.

그러고는 중국에서 가장 성공한 엔젤투자자로 거듭난다. 인터넷, 소프트웨어, 전자결제, 게임 등 레이쥔이 투자하는 분야마다 큰 수익이 났다. 엔젤투자자로 활동하면서 레이쥔은 더 넓은 시야로 인터넷 생태계를 관찰했고, 그 결과 모바일 인터넷, 전자상거래, SNS 분야에 잠재력이 있음을 깨닫는다. 마침내 그는 스마트폰을 비롯해 각종 스마트 제품을 제조하고 개발하는 샤오미를 설립한다. 샤오미의 휴대전화 판매량은 2012년 719만 대, 2013년 1,870만 대, 2014년 6,112만 대로 고속 성장한다. 애플을 위협하는 아성으로 성장한 샤오미 창립자 레이쥔에게는 그래서 중국판 스티브 잡스라는 뜻의 '레이 잡스'라는 별명이 붙여졌다.

샤오미는 '집중, 최고의 경지, 입소문, 신속' 방침을 활용해 일하고 있습니다. 이 방침은 서비스 업무 태도와 제품 생산 모두에 적용됩니다. 요약하면 다음과 같습니다.

1) 집중: 할 것을 결정하기보다 하지 않을 것을 결정하라.
2) 최고의 경지: 최선을 다해 한 치의 흠도 없는 제품을 만든다.
3) 입소문: 오래 기다린 고객에게는 100위안의 쿠폰과 함께 감사 카드를 보낸다.
4) 신속: 천하에 뛰어난 무공이 있어도 속도가 느리면 안 된다. 죽으려면 빨리 죽어라. 그래야 빨리 환생한다.

과유불급, 집중의 힘

저는 창업은 처음 하는 사람이 잘된다고 생각합니다. 창업 경험이 많은 사람들은 오히려 잘못된 선택을 하는 경우가 많습니다. 왜 처음 창업하는 사람이 성공 확률이 높을까요? 역설적이지만 갖고 있는 자원이 적기 때문입니다. 창업할 때 자원이 많으면 오히려 실패하기 쉬워요. 누군가 물어보겠죠. '주머니에 든 것이 없는데 어떻게 성공할 수 있지?'라고 말이죠.

자원이 많아야 창업에 성공할 수 있다는 논리는 대기업이 창업할수록 유리하다는 말과 같습니다. 대기업은 자본과 자원이 풍부하니 말이에요. 여러분도 아시겠지만 대기업이 창업하면 다 잘되는 것은 아니잖아요.

그렇다면 왜 자원이 적을수록 창업이 더 성공하는 경우가 많을까요? 가진 것이 없는 상황에서는 큰 문제에 더 집중하기 때문입니다. 저희 샤오미는 창립 초기, 2개월 반 만에 첫 번째 휴대전화 샘플을 만들었습니다. 당시 샤오미는 14명밖에 안 되는 적은 인원으로, 서로가 머리를 맞대고 어떤 기능들을 휴대전화에 넣어야 할지 고민했습니다. 첫 번째 작업은 바탕화면을 만드는 것이었어요. 바탕화면은 사용자와 처음 만나는 부분이기 때문에 무척 중요합니다. 두 번째로 전화, 문자 메시지, 연락처 같은 주요 기능을 탑재하는 것이 일이었습니다. 세 번째는 휴대폰 바탕화면을 개인 취향에 맞게 바꿔 사용할 수 있게 하는 것이었어요. 사실 우리가 한 일은 이 세 가지뿐이었답니다.

샤오미는 2010년 8월 16일 첫 번째 휴대전화를 출시했습니다. 우리가 만든 제품을 제대로 평가받고 싶어, 광고와 홍보는 전혀 하지 않고 여러 포럼과 행사에서 전단지를 돌렸습니다. 그래서 휴대폰 출시 후 첫 주에는 딱 100개만 출시했습니다. 다행히 2개월 반 동안의 노력에 대한 평가는 긍정적이었어요. 사용자는 일주일 단위로 2배씩 늘어났고 1년여 만에 50만 명까지 증가했습니다. 샤오미 휴대폰이 국제 포럼에서 주목받게 된 시기였다고 볼 수 있어요.

기존 휴대전화의 소프트웨어 R&D는 너무 복잡하다는 단점을 갖고 있었습니다. 결국 복잡한 일에 얽매이다 보니 개발 방향을 놓치는 일이 잦았죠. 샤오미는 이런 과정을 간소화해서 2~3개월에 제품을 생산할 수 있게 했습니다. 빠른 속도로 사용자의 요구 사항을 만족시킨다면 그 사업은 성공할 수 있다고 믿었습니다.

저는 '적은 것이야말로 많은 것이다'라는 말을 믿습니다. '적은 것'으로 충분히 '많은 것'을 이길 수 있어요. 다만 자원이 적을 때는 '집중하는 일'이 가장 중요합니다. 이건 정말 잊어버려서는 안 돼요. 초창기 창업자들의 자원은 대부분 적습니다. 인력도 모자랍니다. 그렇기 때문에 더 빠르게 문제의 핵심을 집어낼 수 있습니다.

휴대폰의 경우 노키아(NOKIA)와 모토로라(Motorola)가 유행하던 시기, 휴대폰 업체들은 1년에 신형 모델을 60개에서 100개씩 생산해야 했습니다. 휴대폰 모델이 지나치게 많아서 사용자들은 모델 이름조차 기억하기가 힘들었습니다. 하지만 애플의 스마트폰 아이폰은 어땠죠? 단순함으로 전 세계 사람들의 이목을 끌었습니다. '혼신의 힘을 다한 제품 하나'의 성공 확률이 '조금씩 공들인 모델 1,000개'보다 높다는 것을 말하고 싶었던 거예요. 갖고 있는 모든 자원을 모아서 한 개 내지는 두 개 정도의 모델에 온 힘을 쏟는 활동, 그걸 바로 '집중 혹은 전념'이라고 부릅니다.

최고의 경지란 나 자신을 미치게 하는 것

'최고의 경지'란 무엇일까요? 나만이 할 수 있는 것을 최고 수준에 올려놓는 것, 그리고 다른 사람들이 모두 칭찬하는 상태를 의미하겠죠. 저는 '최고의 경지'는 '자신을 미치게 하는 정도'로까지 올려놓는 것이라 말해왔습니다.

샤오미는 모든 문제의 솔루션을 찾기보다 하나의 포인트를 정해 그 문제에 대한 솔루션을 찾았습니다. 초기 샤오미가 출시한 휴대폰의 핵심 매력은 '가장 빠른 휴대폰'이었습니다. 제품의 핵심 매력 딱 한 가지만 만들어낼 수 있어도 소비자들은 그 제품을 기억합니다.

소비자는 기대를 뛰어넘는 제품에 열광한다

샤오미는 '입소문'을 통해 홍보합니다. 사람들은 좋은 제품, 저렴한 제품, 또는 저렴하고 좋은 제품이 입소문을 탄다고 생각합니다. 그러나 입소문을 타는 제품은 정확히 말하면 '소비자의 기대를 뛰어넘는 제품'입니다. 그러니까 기대가 높으면 실망도 크고 그런 제품은 망하는 경우죠.

공들여 만들었어도 소비자 기대에 미치지 못하는 상품들도 얼마든지 있습니다. 다시 말해 제품 성능에 대한 사용자의 기대치를 뛰어넘으면 그 제품은 자연스럽게 입소문을 탑니다. 중국식 매콤한 샤브샤브인 훠궈를 파는 식당 체인 '하이디라오(海底撈)'가 좋은 예입니다.

하이디라오는 초창기 변두리 지역에 있었습니다. 하지만 입소문이 빠르게 퍼지면서 전국적인 인기를 끌기 시작했습니다. 입소문은 하이디라오에서 식사를 마치고 디저트로 먹다 남은 과일을 포장해달라는 손님 이야기에서 시작됐습니다. 하이디라오 종업원은 먹다 남은 과일을 포장해줄 수 없다고 말했습니다. 그 손님이 계산을 마치자, 종업원은 뜻밖에도 수박 한 통을 가져왔습니다. 그러더니 수박을 건네며 "이미 디저트로 나간 과일은 신선하지 않으니 대신 이 수박 한 통을 새로 가져왔어요. 가져가세요"라고 말한 것이죠.

하이디라오의 종업원들은 항상 얼굴에 웃음을 띠고 있습니다. 한번은 40대 정도 되는 종업원에게 그 이유를 물었습니다. 그는 40세에 졸지에 직장을 잃을 위기에 처했는데 다행히도 하이디라오에서 4,000위안(67만 원)의 월급을 받고 일할 수 있게 되었다고 말했습니다. 그는 "항상 웃으면서 잠에서 깨고, 하루가 즐겁기 때문에 열심히 웃으며 일할 수 있다"고 제게 말했습니다.

제가 여러 군데에서 "하이디라오는 올바른 경영을 하고 있다"고 했더니만, 하이디라오의 창립자 장융(張勇) CEO가 제게 전화해서 "홍보해줘서 고맙다"고 하더군요. 저는 "내가 하이디라오를 도와준 것이 아니라 하이디라오가 마음에 들어서 '입소문'을 낸 것뿐"이라고 했습니다. 여러분, '입소문의 법칙'을 잊어서는 안 됩니다.

제품을 만들 때 핵심 포인트 한두 개면 소비자 마음을 움직이기에 충분합니다. 너무 많을 필요도 없어요. 한두 개의 포인트가 사용자들의 입소문을 불러일으킵니다. 대신에 사용자의 기대를 넘어서지 못한다면 입소문을 기대하긴 어렵지요.

판커(VANCL)라는 중국 의류 기업이 어려움에 처하게 되면서 저는 천녠(陳年) 사장을 만나 이야기를 나눈 적이 있었습니다. 저는 "판커가 초심으로 돌아가 주력 상품인 와이셔츠 제작에 힘을 쏟는다면 '입소문'이 다시 날 것"이라고 조언했습니다. 그는 "제대로 된 와이셔츠를 만들기가 힘들다"면서, 예전처럼 옷을 만드는 데 전념할 수 없다고 했습니다. 그래서 제가 다시 말했습니다. "중국에서 만든 옷을 입으면 어쩐지 모르게 불편하고 몸에 맞지 않는 기분이었는데, 일본에서 만든 와이셔츠와 정장을 입으면 몸에 딱 맞는 느낌이 든다"고 제 경험을 말해줬습니다.

이후 천녠 사장은 일본의 많은 업체와 전문가에게 자문을 구하고 세심한 부분까지 공을 들여 와이셔츠를 제작했습니다. 그리고는 제작한 와이셔츠를 일본 전문가들에게 보내 피드백을 요청했습니다. 전문가들은 100건이 넘는 피드백을 보냈습니다. 피드백 중에는 지하철에서 손잡이를 잡을 때 셔츠가 너무 짧아 바지에서 쉽게 빠져나온다는 의견도 있었습니다. 일본 전문가의 의견을 듣고 나니 와이셔츠 하나를 제작하는 데에도 정말 많은 지식과 연구가 필요하다는 것을 알게 되었다고 나중에 천녠 사장이 말했습니다.

중국 경제가 빠르게 발전하는 과정에서 기업들이 문제를 세심하게 처리하지 못하는 경우가 많습니다. 디테일한 부분까지 고려해서 일을 해결해야만 그 기업의 제품과 서비스가 '입소문'을 타게 됩니다.

사용자와 빠른 소통, 빠른 피드백 수용, 빠른 개선

요즘 베이징에서 창업하려면 비용이 만만치 않습니다. 기회비용을 감안하면 더 그렇죠. 이런 상황에선 제품을 빠르게 생산하는 것이 중요합니다. 2~3개월 혹은 6개월 만에 제품을 만들어낼 수 있는가를 반드시 고려해야 합니다. 그리고 사용자의 니즈와 피드백을 빠르게 제품 생산에 반영해야 합니다. 요즘 사용자는 제품 하자 자체를 크게 문제 삼지 않습니다. 단, 하자에 대한 피드백을 보냈을 때 신속하고 정확하게 반영되는지를 유심히 봅니다. 이런 경험이 바로 사용자들이 추구하는 것입니다. 사용자와 어떻게 소통하고 피드백을 받아 신속하게 개선해내는지에 기업의 성패가 달려 있습니다.

샤오미는 '고객은 친구다'라는 핵심 경영 이념을 갖고 있습니다. 고객이 제품 개발에 직접 참여하며 아이디어를 제시하는 것입니다. '참여감'은 아주 중요한 개념입니다. '참여감'이라는 제목의 책도 나와 있어요. 사용자가 제품을 직접 사용해보게 만들면 해당 제품에 대해 일종의 '정'이 생깁니다. 사용자는 해당 제품에 애정을 갖게 되고 샤오미에 의견을 제시하기도 합니다. 이렇게 고객이 제품 개발에 참여하게 하는 것은 아주 중요합니다. 이런 '참여'는 중국공산당이 제시하는 '대중노선'과 비슷합니다. 대중을 믿고 의지하고, 대중에게서 시작해서 대중에게서 끝나게 하는 것이죠. 처음도 끝도 고객입니다.

물론 처음 창업할 때는 '팬(Fan) 경제'라는 개념이 잘 와 닿지 않을 수도 있습니다. 샤오미의 가장 기본적인 성장 동력은 바로 고객을 친구로 생각하고 함께 참여하게 하는 것입니다. 소셜 미디어 상에서 네트워크를 형성하는 것도 좋은 방법 중 하나입니다. 입소문을 형성하기 쉽고 제품 홍보도 자연스럽게 이루어집니다. 샤오미는 제품 생산과 업무에서 바이럴 마케팅을 형성했고, 사용자 참여를 유도하여 바이럴 마케팅의 순환을 유도하고 있습니다.

샤오미 창립 후 수년 동안 이 네 가지 생각을 유지한 덕분에 성공할 수 있었지 않나 싶습니다.

8장

사용자는 왕이다.
체험이 우선이다.

저우훙후이

저 우훙후이

周鴻禕

저우훙후이는 웹 검색 서비스 회사인 3721닷컴을 설립하고 특색 있는 검색 서비스로 이목을 집중시켰다. 주소창에 도메인이 아니라 중국어 키워드를 입력하면 바로 해당 사이트로 연결해주는 검색 엔진이었다. 곧 이 회사는 2000년대 초반 중국 유료 검색 시장에서 점유율 40%를 차지할 정도로 인기를 끌었다. 이후 중국에 진출한 야후가 2004년 3721닷컴을 인수했고, 저우 CEO는 야후 중국 법인의 대표를 맡았다.

2004~2006년 야후 중국 대표를 지내면서 대용량 이메일 제공 등을 통해 야후의 중국 시장 확대에 공헌했지만, 사내 알력으로 회사를 그만두고 2005년 9월 치후 360을 설립했다. 중국어로 마법의 호랑이라는 뜻의 '치후(奇虎)'는 그의 전 직장이자 '우아한 호랑이(雅虎)'라는 의미의 야후를 넘어서겠다는 의지를 노골적으로 담아낸 이름이다.

그는 유료 못지않은 성능의 보안 프로그램을 무료로 보급하면서 세를 불려나갔다. 이 같은 전략은 들어맞아 창업 1년 만에 치후 360은 중국 최대 인터넷 보안업체가 되었고, 2011년에 이미 시장점유율이 84%에 이르렀다. 그는 모바일 보안 프로그램 시장과 검색 시장에도 진출했다.

중국 인터넷 산업이 지금까지 큰 발전을 이룰 수 있었던 것은 혁신 덕분이라기보다는 '인구 보너스' 덕분이었습니다. 현재 중국은 가장 많은 휴대폰 사용자를 보유하고 있어서 아주 간단하고 기본적인 비즈니스 모델로도 많은 사용자를 확보할 수 있습니다. 하지만 여기서 더 나아가 진정한 혁신을 하기 위해서는 미국 실리콘밸리를 배울 필요가 있습니다. 저는 실리콘밸리의 벤처캐피털과 벤처 창업자들을 만나면서 미래 트렌드와 경영 혁신에 관한 이야기를 나눴습니다. 이렇게 인적 교류를 통해 배우는 것을 저는 '혁신의 충전'이라고 부릅니다.

요즘 사물인터넷(Internet of Things, IoT)이 유행입니다. 이 개념은 수년 전부터 뜨거운 감자였습니다. 업계에서는 화제가 되었지만 막상 소비자의 삶과 연관 지을 수 있는 부분은 많지 않았습니다. 하지만 이제는 모든 물건을 인터넷으로 연결한다는 의미로 자연스럽게 받아들여지고, 우리 생활 주변의 물건들이 스마트하게 바

꿰어 연동되는 것으로 많은 이들이 이해하고 있습니다.

사물인터넷에 이어 사람들의 관심을 끄는 주제는 로봇입니다. 로봇 산업은 단순히 공장이 자동화된다는 의미를 넘어섭니다. 다양한 전자 제품을 클라우드 컴퓨팅 단말기와 접목하고 빅데이터를 기반으로 인공지능화하는 것을 의미합니다. 예를 들어볼까요? 선전에 위치한 드론 개발 회사 중 다쟝(大江, DJI)이라는 기업이 있는데, 이 기업은 클라우드 단말기를 이용한 스마트 조종 기능을 드론에 접목했습니다. 이로써 드론이 로봇의 기능을 수행할 수 있게 된 것이죠. 이런 게 바로 '사물'과 '인터넷' 개념을 결합한 사례입니다. 구글은 이미 안드로이드 운영 체계를 자동차, 손목시계 같은 웨어러블 디바이스(Wearable Device), 텔레비전, 가구 등과 경합시켰습니다. 이런 변화를 보면 새로운 시대가 열리고 있음을 부정할 수 없네요.

많은 창업자는 중국 인터넷 산업에서 새로운 기회가 없다고 말합니다. "대기업들이 기술을 뺏어가더니, 이제는 합병을 통해 5억 명에 이르는 컴퓨터 사용자와 10억 명에 이르는 스마트폰 사용자, 그리고 수많은 데이터를 독점한다"라고 생각하기 때문입니다.

그래요, 이제 와서 휴대폰 시장에서 샤오미와 경쟁하거나 대기업의 뒤를 따라서 위챗(중국판 카카오톡) 같은 인스턴트 메시지 시장에 뛰어든다면 사업 기회를 잡기 힘들 겁니다. 이미 성숙한 시장보다는 떠오르는 시장에 시선을 돌려야 한다는 이야기입니다. 물론 이런 시장은 3~5년이 지난 뒤에야 폭발적인 성장을 보일 겁니다. 당장은 수익이 나지 않더라도 궁극적인 창업 기회는 이런 분야에 있다고 봅니다.

좋은 시장 기회란 무엇일까요? 한 사람당 평균 1.5개의 휴대폰을 갖고 있다고 가정하면, 중국은 19억 개의 휴대폰을 가진 거대 시장이 됩니다. 중국에 보급된 컴퓨터는 6억 대가 넘을 것으로 봅니다. 그런데 가정에서 사용하는 전구, 콘센트, 전자 제품, 안경, 시계 등 모든 사물이 일종의 '스마트폰'이 되어 안드로이드 시스템을 기반으로 작동한다면 어떻게 될까요? 4G나 WIFI 혹은 클라우드 단말기와 연결된다면, 5년 뒤 중국은 200억 개에 달하는 장비들이 인터넷과 연결되고 대량의 데이터를 생산하게 됩니다. 이것만 봐도 중국에는 아직 진정한 빅데이터 시대가 도래하지도 않은 겁니다.

이러한 산업의 변화는 큰 기회를 가져다줄 것입니다. 미국의 어느 학자는 "오늘날 기존의 물건을 '재발명(Reinvent)'하기를 원한다면 모든 하드웨어에 두 가지 개념을 적용해야 한다"고 말했습니다. 첫 번째는 스마트화, 두 번째는 하드웨어와 인터넷의 연결입니다. 저는 이 관점에 전적으로 동의하지만, 여기에는 하드웨어의 '클라우드 단말기화'도 필요합니다. 이는 대용량의 인공지능 정보 처리 과정을 클라우드 단말기에서 빅데이터를 통해 처리하게 하는 것입니다. 이런 과정을 거친다면 기존 산업은 완전히 재편되거나 새로 짜이게 될 겁니다. 이는 정말 큰 기회가 될 것입니다.

많은 사람들이 로봇과 자율 주행 자동차 등을 언급하며 인공지능 기술의 발전에 주목하고 있습니다. 하지만 기존 인공지능 기술은 아직까지 큰 발전을 이루지 못한 것이 사실입니다. 최근 로봇 번역, 음성 인식, 얼굴 인식 등의 측면에서 인공지능이 큰 성과를 이루어냈지만, 이 성과는 기존 기술을 발전시킨 것이 아니라 빅데이터 기술 덕분에 이룰 수 있었던 성과입니다. 기존에 존재하던 인공지능 문제를 빅데이터로 해결한 것이지요. 진정한 의미에서 인공지능은 향후에 더욱 발전할 여지가 충분합니다.

사용자는 왕이다

지금 제가 제시하는 개념이 다소 생소하실지도 모르겠습니다. 인터넷 발전의 역사를 잠시 짚고 넘어가지요. 인터넷 1.0은 개인용 컴퓨터(PC)의 인터넷, 인터넷 2.0은 모바일 인터넷, 인터넷 3.0은 광역 인터넷을 의미합니다. 이제는 언제 어디서나 인터넷으로 연결될 수 있다는 뜻인데요. 이것이 바로 사물인터넷 시대입니다. 사물인터넷은 엄청난 기회를 제공할 것입니다.

물론 큰 기회에는 그만큼 많은 도전 과제와 어려움이 존재합니다. 특히 중국에 있는 기존 제조 회사들은 늘 '전통 기업'이라는 꼬리표를 달고 있습니다. 이런 기업들은 도전을 받아들일까요? 아니면 인터넷의 거대한 물결에 전복되고 말까요?

사실 많은 업종이 인터넷으로 인해 사라지면서 산업계에는 '인터넷 공포'가 생기기도 했습니다. 그러나 제가 볼 때 인터넷은 '선(先) 산업 구조 파괴, 후(後) 복원'이라는 강력한 메시지를 던지고 있습니다. 산업 구조가 크게 변하고 있는 이 시대에 물건을 스마트하게 만드는 것 외에 또 무엇을 할 수 있을까요? 만일 어떤 기존 산업이 인터넷 기술만을 이용했다면 첫 단계에 진입했다고 볼 수 있습니다. 여기서 더 나아가 인터넷을 홍보 플랫폼으로 이용했다면 두 번째 단계에 진입했다고 볼 수 있습니다. 예를 들어 중국 최대 온라인 쇼핑몰인 알리바바의 자회사인 타오바오(淘宝网, 온라인 쇼핑몰 이름) 또는 중국 2위 인터넷 전자상거래 업체인 징둥(京東)에서 물건을 판매하는 방식이 이런 예입니다. 기존의 유통 방식을 넘어 제품 판매에 인터넷을 이용한 초급 단계입니다. 이런 방식은 인터넷을 이용한 '전술'일 뿐, '전략'이라고 할 수 없습니다.

어떻게 해야 인터넷 방식의 사고가 가능한 조직으로 변화시킬 수 있을까요? 기존 기업 발전 모델에서 인터넷 모델로 전환할 때, 제품 생산은 제조 업체만의 업무가 아니게 됩니다. 소프트웨어를 제공하는 회사라도 제품 생산에 관한 지식이 있어야 합니다. 저는 한때 휴대전화 제작에 매달린 적도 있었습니다. 결국 실패했지만 하드웨어적인 측면에서 많은 시도를 해볼 수 있었고 그 노하우는 지금까지도 갖고 있습니다. 저는 그때의 경험을 통해 하드웨어를 만드는 것이 상당히 어렵다는 사실을 깨닫게 되었습니다.

중국 광둥성 둥관(東莞)에 있는 많은 공장들은 하드웨어 생산 능력이 충분합니다. 과거 하드웨어 업계는 이윤이 낮고 경쟁이 치열한 힘든 업종 중 하나였습니다. 가장 우수한 기업들만 살아남았고 연간 수십억 위안에 이르는 큰 기업으로 성장하기도 했습니다. 하지만 그런 회사들에 대한 평가는 여전히 낮습니다. 그러나 만일 하드웨어를 생산하던 작은 기업들이 주문자상표부착(OEM) 방식으로 생산한 하드웨어에 인터넷이라는 개념을 접목한다면 상황은 완전히 달라질 겁니다. 단지 인터넷을 접목했다는 이유로 수억 달러의 투자를 받을 수도 있습니다. 그만큼 하드웨어와 소프트웨어, 인터넷의 결합은 중요합니다.

인터넷 회사는 새로운 흐름 속에서 하드웨어 업체와 긴밀한 협력 관계를 구축해야 합니다. 하드웨어 제조 업체가 인터넷이라는 기회를 잡는다면 자사 제품을 스마트하게 변화시킬 수 있을 뿐 아니라, 인터넷, 클라우드 시스템 등과 연동해서 '낮은 이윤'이라는 꼬리표를 뗄 수 있습니다. 이런 기업들이야말로 인터넷이 가져다주는 혜택을 누리는 기업들이죠.

제조 업체 또한 인터넷 기업과 협력해야 합니다. 인터넷과 연결되는 하드웨어를 만들기 위해선 먼저 '사용자는 왕이다'라는 개념이 있어야 합니다. 네, 물론 이 개념이 촌스럽게 느껴질 수도 있어요. 기존 업계에서는 사용자보다는 고객 개념이 강한데, 누가 고객인가요? '기업에 돈을 지불하는 사람'이 바로 고객이죠.

A가 물건을 만들어 B에게 팔고 B가 값을 지불하면 거래가 성사됩니다. 하지만 인터넷 환경 속에서 이런 개념은 바뀌고 있습니

다. 서비스를 제공받는 사용자도 비용을 지불한다는 것입니다. 그리고 비용을 지불한 후에도 사용자는 서비스 제공자에게 최선의 서비스를 요구합니다.

진정한 인터넷 기업으로 거듭나고 싶다면 인터넷 기업의 본질은 '서비스'라는 사실을 잊어서는 안 됩니다. 과거에는 고객에게 물건을 팔고 끝이었죠. 이제는 사용자와 기업 간의 비즈니스는 단순한 '거래'에서 끝나지 않습니다. 과거에는 제품 판매를 위해 듣기 좋은 말로 포장해서 고객을 확보하곤 했지만, 이런 광고는 이제 통용되지 않습니다. 기존의 TV 업계가 바로 이런 모습이었습니다. 텔레비전을 생산하는 기업들은 고객과의 연결을 달가워하지 않았습니다. 반품과 수리 비용을 두려워했기 때문입니다. 하지만 지금은 사용자와의 '연결'이 핵심입니다. 소프트웨어를 다운로드받거나 하드웨어를 구매하는 순간 기업과 사용자 간의 비즈니스가 시작됩니다. 기업들은 하드웨어를 통해 어떤 서비스를 지속적으로 제공하고 사용자를 '단골'로 만들지 고민해야 합니다.

최근 중국 최대의 동영상 제공 기업인 러스(樂視)가 인터넷 텔레비전을 제조하고 있습니다. 지금 텔레비전 업계의 경쟁은 아주 치열하기 때문에 러스는 텔레비전에 스마트칩을 추가했습니다. 하지만 스마트칩을 추가했다고 해서 바로 스마트 텔레비전이 되는 것은 아닙니다. 비즈니스가 '스마트'하게 변했는지가 중요합니다.

인터넷에는 한계가 없습니다. 러스가 70인치 텔레비전을 판매만 하고 아무 일도 일어나지 않는다면 손해 보는 장사를 하는 것이죠. 인터넷 텔레비전을 사는 고객은 텔레비전 하드웨어, 즉 크기는 물론 디자인을 보겠지만, 무엇보다 그 인터넷 TV에 어떤 다양한 볼거리가 있는지 콘텐츠를 고려합니다. 콘텐츠가 다양하지 않다면 구매는 일어나지 않습니다. 과거에는 하드웨어에 집중했다면, 지금은 텔레비전 제조 업체가 '방송국'의 역할까지 하며 콘텐츠를 제공해야 합니다. 이런 부분이 기존 기업들에는 큰 도전입니다.

하드웨어를 구매하는 '일회성' 고객을 제조 업체와 연결되는 평생 고객으로 전환하는 방법을 모색하는 것이 지금의 과제죠. 기성세대는 이런 패턴을 이해하지 못할 겁니다. 인터넷 기업은 돈을 버리는 장사라고 생각할지도 모르겠네요.

또 다른 예를 들어볼까요? 중국판 우버(Uber, 모바일 차량 예약 서비스 제공)와 비슷한 기업인 디디다처(滴滴打車)와 콰이디다처(快的打車)는 사람들이 소프트웨어를 다운받고 익숙해지게 하는 데 한 달에 10억 위안(1,670억 원)과 15억 위안을 각각 투자하기도 했습니다(현재 디디다처와 콰이디다처는 합병해 디디콰이디가 되었다. -역자 주). 이것이 기존 기업들이 인터넷 기업으로 전환할 때 가장 주의해야 할 점입니다. 인터넷 비즈니스에서 가장 먼저 해야 할 것은 고객에게 가치를 제공하고, 해당 기업이 개발한 제품과 서비스가 최고라는 것을 인식하게 만드는 것입니다. 이렇게 해야만 이윤을 창출해낼 수 있습니다.

체험이 우선이다

다음 핵심 키워드는 체험입니다. 현대 사회는 인터넷으로 전 세계가 연결되었습니다.

과거에는 홍보와 광고만으로 정보를 제공했습니다. 이런 광고는 결국 기업은 정보를 많이 갖고 있고 소비자는 정보를 덜 갖고 있다는 '정보의 비대칭성'을 전제로 합니다.

과거에 구매자는 기업보다 '스마트'하지 않았습니다. 하지만 오늘날 소비자들은 기존의 홍보와 광고에 경계심을 갖기 시작했습니다. 그리고 인터넷이 보급되면서 소비자들은 예전과 다르게 제품을 충분히 이해할 수 있게 되었습니다. 정보의 상대적 대칭성이 확대되었다는 것이죠.

한때 중국은 제품의 생산·홍보·판매에 대해 잘못된 생각을 갖고 있었습니다. 하드웨어를 판매하는 기업은 제품의 기능 추가에 중점을 두곤 했습니다. 이렇게 추가된 기능들은 실제로 소비자들이 직접적으로 체험할 수 없었습니다. 물론 처음에는 새로운 기능이 추가되었다는 이유로 그 제품을 구매하려 하겠지만, 그렇다고 해서 구매가 활발히 이루어지리라는 보장은 없습니다. 이제는 기업이 생각을 바꿔야 합니다. 많은 기능을 추가할 필요는 없습니다. 다만 소비자가 어떤 기능을 즐겨 쓰는지, 소비자에게 어떤 가치를 제공할 수 있는지만 집중하면 됩니다.

예를 들어보지요. 한 휴대폰 제조 업체가 전자파 없는 새 모델을 출시한 적이 있습니다. 하지만 실패했습니다. 전자파가 없다는 것을 일반 소비자가 알기 어렵기 때문입니다. 사람들 대부분은 전자파를 느끼지 못해요. 화웨이(華爲)는 샤오미 못지않은 품질의 휴대폰을 출시했습니다. 그러나 화웨이는 인터넷에서의 사용자 체험이라는 개념을 제대로 이해하지 못했습니다. 그래서 기술과 아이디어를 중심으로 홍보했고, 사용자들이 뭘 원하는지는 고려하지 않았습니다. 휴대폰 내부를 어떻게 만드는지 사용자는 알 수가 없고 관심도 없지요. 제품이 아무리 우수해도 사용자가 그 우수성을 인식하지 못한다면 소비자의 이목을 끌기 어렵습니다.

무료로 제공하라

인터넷은 '양날의 칼'과 같습니다. 무료라는 장점을 잘 활용하면 인터넷상에서 자사 제품과 서비스를 빠르게 확산시킬 수 있지만 다른 인터넷 기업에 '침식'당할 수도 있습니다. 인터넷의 가장 무서운 무기는 '무료'라는 것이지만 이를 활용하기는 쉽지 않습니다.

한 가지 분명한 사실은, 소프트웨어가 무료로 제공되는 시점에 하드웨어도 무료로 제공된다면 시너지가 커진다는 점입니다. 무료 전략을 통해 기업은 인터넷이라는 공간에서도 거래 모델을 구축할 수 있기 때문입니다. 무엇인가가 무료로 제공되면 사용자의 관심을 끌 수 있고 사용자를 대량으로 확보할 수 있는 계기가 됩니다. 사용자가 대량으로 확보된다면 규모의 경제를 통해 현금을 모을 수 있습니다. 반대로 사용자 기반이 형성되지 않은 상태에서 B2C 혹은 B2B 같은 거래 모델만 생각하는 것은 공상에 불과합니다. 여기서 조심해야 할 점은 모든 하드웨어에 무료 전략을 적용할 수는 없다는 겁니다. 이미 보편적으로 보급된 하드웨어를 무료로 제공하는 것은 위험할 수 있습니다.

하드웨어 무료 제공은 두 가지 의미를 내포합니다. 첫째, 하드웨어 생산에 적은 비용이 드는 시점에서 해당 하드웨어를 무료로 제공할 경우 효과가 크다는 것입니다. 예를 들어 차이나텔레콤(中國電信)의 휴대폰 약정 제도(한국의 약정 제도와 비슷함)는 극단적인 하드웨어 무료 제공의 사례로 볼 수 있습니다. 구글은 안드로이드 휴대폰의 원가를 100달러(12만 원), 혹은 더 낮게 생산한 뒤 일본에서 1년 동안 무료로 사용하게 하는 실험을 한 적이 있습니다. 그 결과 휴대폰 사용자는 1년 동안 사용하면서 구글 검색, 구글맵, 유튜브, 구글 플레이와 같은 콘텐츠를 이용했습니다. 각 사용자에게서 창출된 부가가치는 100달러 이상이었습니다. 이런 사례만 봐도 하드웨어 무료 제공의 성공 가능성은 높습니다. 하지만 기업들 대부분은 여전히 '무료 제공'을 파산의 지름길로 생각하고 있다는 것이 안타깝습니다.

둘째, 하드웨어 '무료 제공'이 힘들다면 최대한 생산 원가에 맞춰 판매하는 것입니다. 하드웨어 자체를 판매하여 남길 수 있는 이윤은 애초부터 높지 않습니다. 기업 간 경쟁이 워낙 치열하기 때문에 하드웨어 판매로 높은 이윤을 남기기는 어렵고, 하드웨어 판매로 창출할 수 있는 이윤은 점점 줄어들고 있습니다. 컴퓨터, 노트북, 휴대폰 등은 성능이 향상되고 있음에도 가격이 계속 낮아지고 있습니다. 따라서 하드웨어를 생산·판매하려는 스타트업 기업들은 원가에 제품을 판매하는 것을 고려해보길 바랍니다. 무료 전략을 등한시하기란 어렵습니다. 다른 경쟁 업체들이 형성한 시장 패턴에 적응하지 못하는 결과를 초래할 수도 있으니까요.

저희 치후 360 그룹은 소프트웨어 영역에서 바이러스 백신 서비스를 무료로 제공하고 있습니다. 처음에는 '사기'라고 생각하는 사람들도 있었지만, 무료 바이러스 퇴치를 통해 경쟁 업체를 이길 수 있었고 수억 명에 달하는 소프트웨어 사용자를 확보할 수 있었습니다. 무료 소프트웨어가 인기를 얻을 당시 가장 손해를 봤던 기업이 바로 진산(金山, 중국의 소프트웨어 개발 업체이자 컴퓨터 백신 업체)입니다. 진산 그룹의 전임 회장이 누구인지 아시나요? 바로 샤오미의 레이쥔 회장입니다. 당시 그는 그 사건에서 교훈을 얻었다고 합니다. 그래서 현재 샤오미가 실시하는 '하드웨어 무료 제공' 전략을 세우게 된 것이죠. 물론 샤오미가 하드웨어를 완전히 무료로 제공하는 것은 아닙니다. 아주 적은 마진만 남기고 파는 것입니다.

샤오미는 출범 후 듀얼코어 휴대폰을 1,999위안(33만 원)에 출시했습니다. 이렇게 파격적인 가격 덕분에 한동안 샤오미와 경쟁

해서 이길 기업이 없었습니다. 다른 휴대폰 제조 업체가 샤오미와 똑같은 휴대폰을 만들었지만 판매가를 3,000위안(50만 원) 이상으로 시장에 내놓을 수밖에 없었습니다. 샤오미는 얼마나 좋았을까요? 사업을 하면서 경쟁 상대가 없을 때가 가장 재미있는 시기거든요. 이야기를 정리하자면, 이제 중국 하드웨어 시장은 낮은 마진 혹은 마진이 없는 경쟁 상황에 처하게 됩니다. 모두가 무료로 제공하는데 수익은 어떻게 만들 수 있을까요? '무료' 전략은 '크로스오버(Crossover)'가 반드시 필요합니다. 과거 비즈니스가 단순한 하드웨어 판매였다면, 오늘날의 비즈니스는 사용자를 확보하는 것이 되었습니다.

다른 기업과의 협력 또는 공동 투자 등 다양한 방식으로 크로스오버를 할 수 있어야 합니다. 예를 들면, 앞으로 휴대폰 공급 업체는 휴대폰 게임 혹은 e북 등으로 이윤을 창출할 수 있고, TV 공급 업체는 TV 프로그램을 제공하는 것으로 이윤을 창출할 수 있어야 합니다. 이는 기업 핵심 경쟁력과 실무 능력 측면에서 큰 도전 과제가 될 겁니다.

인터넷 혁신에는 집중, 속도 같은 핵심 키워드가 많이 있습니다. 하지만 이런 키워드들은 '전술'에 불과합니다. 성공하는 소프트웨어 회사와 실패하는 소프트웨어 회사의 차이는 위에서 언급한 핵심 키워드 3개에서 나타납니다.

첫째, '사용자는 왕이다'라는 것입니다. 단지 제품을 사고파는 일회성 고객-기업 거래 관계에서 장기적인 '사용자'와 기업의 관계로 전환하는 겁니다.

둘째, '체험이 우선이다'라는 것입니다. 단순한 판매를 목적으로 하는 것이 아니라, 어떻게 하면 사용자가 제품을 통해 다양한 것을 경험하고 체험할 수 있는지 고려하는 겁니다.

셋째, '무료 제공'으로 발생하는 도전에 대비하는 것입니다. 비즈니스가 확장 가능한지 고려하고, 기존 비즈니스 틀에서 벗어나 적극적으로 '하드웨어 무료 제공'과 같은 조치를 취해야 합니다.

오늘날 급변하는 인터넷 환경 때문에 모든 기업이 새로운 이윤 창출 모델을 수립해야 할 시점에 와 있습니다. 어찌 보면 지금은 사업을 하기에 가장 나쁜 시기이자 가장 좋은 시기일 겁니다.

많은 문제를 해결하는 데 가장 좋은 방법은 역설적으로 '상호 협력'입니다. 소프트웨어 회사는 단기적으로 기존의 하드웨어 회사를 추월하기 힘들겠지만 협력을 통해 서서히 발전해간다면 새로운 모델을 만들 수 있을 겁니다.

9장

변화에는 두 가지 요소가 있다.
생각과 행동 두 가지를 함께 바꿔야
새로운 기회를 찾는다.

위민훙

위민훙

俞敏洪

신둥팡(新東方) 교육그룹 유한회사 회장. 중국의 대표 영어 교육 기업인 신둥팡의 회장인 위민훙은 줄곧 교육 분야 개혁을 외쳐왔다. 그는 대학을 두 번 낙방했지만 오히려 그것이 교육 사업에서 성공하는 데 밑거름이 됐다고 말한다. 신둥팡은 나스닥에 상장된 단일 교육 기업으로는 세계 최대 규모이며, 중국 최대 규모를 자랑하는 사립 언어 교육의 메카다.

1962년 태어나 베이징 대학 서양언어과를 졸업한 후, 1985년 베이징 대학 외국어부 교사로 근무했다. 2003년 신둥팡 교육그룹을 설립하면서 중국 민영 교육 사업의 새로운 모델을 세우고 있다. "중국 해외 유학생의 70%는 신둥팡에서 보냈을 정도"라는 말이 있을 정도로 중국 학생을 해외로 유학 보내는 전초기지 역할을 담당하고 있다. 신둥팡의 주력 브랜드는 토플(TOEFL) 등의 영어 시험 교육으로, 현재 중국의 해외 유학용 영어 교육 시장의 60% 이상을 점유하고 있다. 그는 또한 자신처럼 창업하고 싶어 하는 중국 청년들의 멘토로도 활약하고 있다.

우리는 혁신의 시대를 살고 있습니다. 지금 이 시대에 권위와 통제는 의미를 잃었습니다. 권위와 통제가 약해지는 것은 좋은 현상입니다. 권위와 통제의 사회에서는 창의성이 약하고 발전이 더디기 때문이지요. 위챗(微信, 중국판 카카오톡, Wechat)이 성장할 수 있었던 이유도 비슷합니다. 위챗은 차이나모바일(中國移動), 차이나유니콤(中國聯通), 차이나텔레콤(中國電信)과 같은 거대 통신사(한국의 SKT, KT와 비슷)의 독점적 권위를 약화시켰습니다. 무료로 쓸 수 있는 인스턴트 메시지 앱을 만들어서, 중국 국민의 총지출 중에서 통신비를 적어도 1,000억 위안(17조 원) 가까이 절약하는 데 기여했을 겁니다.

지금 중국에서 혁신과 창업을 추구하는 사람들이 끊임없이 나타나고 있습니다. 이러한 현상은 곧 사회가 점점 너그러워지고 융통성을 찾아가고 있다는 뜻입니다. 모바일과 인터넷의 발전은 사회에 관용을 가져다주었습니다.

지금은 성공과 실패가 일상이 된 시대입니다. 중국 경제는 계속 발전할 것이고 성공하는 사람들도 계속 늘어날 것입니다. 반대로 도전하는 사람이 많아지면서 실패도 그만큼 많아지겠죠. 이런 시대엔 두 종류의 사람이 있습니다. 모든 자원을 동원해서 융통성 있게 변화한 뒤 자신의 위치를 지키는 사람과, 속수무책으로 당하면서 대체되는 사람입니다.

저는 변화에는 두 가지 요소가 있다고 봅니다. 생각과 행동입니다. 생각한다는 것은 무엇을 먹을지, 어떤 옷을 입을지 고민하는 것이 아니라 자신과 자신이 하는 일을 변화시키기 위해 새로운 방법을 찾는다는 것을 의미합니다. 생각했다고 해서 그것을 행동으로 옮기는 것은 쉽지 않습니다. 생각을 바꾸고 변화를 의식했다 하더라도 행동까지 바꾸는 것은 또 다른 문제입니다. 생각과 행동이 함께 바뀔 때만이 새로운 기회를 찾을 수 있습니다.

신둥팡 그룹은 2013년에 창립 20주년을 맞이하여 미래 20년을 고민하는 시간을 가졌습니다. 과거의 성공이 미래의 성공을 보장하지 않기 때문에 우리는 끊임없이 미래를 바라보고 고민해야 합니다. 예를 들어볼까요? 중국판 구글로 불리는 바이두(百度), 중국판 아마존인 알리바바, 중국판 다음카카오와 같은 기업인 텐센트(騰迅) 등이 모두 직원 교육 플랫폼을 만들었습니다. 이 기업의 창업자들은 전부 제 친구들이지만 모두 제가 하고 있는 교육 사업 영역에 뛰어든 것입니다. 혹자는 "IT 기업이 교육에 뛰어들다니 상도덕이 없네"라고 생각하겠지만 이런 것이 바로 비즈니스입니다. 서로 경쟁하고 기회를 찾는 과정에서 새로운 발전 모델이 탄생하는 거지요. '너 죽고 나 살자' 식의 비즈니스 환경 속에서 사회는 더 발전해나갑니다.

사회는 계속해서 새로운 것을 요구하고 있습니다. 자신을 먼저 변화시켜야 세상의 빠른 변화에 적응할 수 있습니다. 그러나 변하지 말아야 할 것도 분명히 존재합니다. 바로 누구나 자신이 좋아하는 일을 해야 한다는 겁니다. 저는 큰 성공을 거둔 사람들 가운데 단순히 돈만 벌자고 일하는 사람을 본 적이 없습니다. 마음속 깊은 곳에서 자신이 하는 일을 인정해야 하고 기쁨을 찾아야 합니다. 신념이 있고 자기 일을 좋아하는 사람은 실패와 좌절 속에서도 쉽게 포기하지 않을 수 있기 때문이지요.

비즈니스에서 서로를 속일 수는 있지만, 비즈니스는 본질적으로 가치를 창조하는 데 의미가 있습니다. 모든 창업자는 가치를 창조하는 사람들이기 때문에 격려받아 마땅합니다. 창업에 나선 사람들에게 필요한 마음가짐은 아래와 같습니다.

첫째, 실패를 두려워하지 마십시오. 죽지만 않는다면 두려울 것이 없습니다. 태초에 인간은 아무것도 없는 상태로 태어났으니, 두려워 마세요.

둘째, 부족한 것이 있으면 바로 요구하세요. 마음에 드는 이성이 있으면 쫓아가세요. 이성의 마음을 얻지 못할 수도 있지만, 시작조차 하지 않는다면 평생 후회로 남습니다.

한때 아주 불량했던 학생 하나가 제게 투자를 요청해온 일이 있었습니다. 처음 메일을 받았을 땐 답장하지 않았습니다. 그러자 메일이 계속 왔습니다. 다섯 번째 메일이 오자 회신하지 않을 수 없더군요. 한 번에 안 되면 두 번, 두 번도 안 되면 세 번, 10번에도 안 되면 다른 사람을 찾아보는 끈기가 있어야 합니다. 세상일의 95%는 용기 있는 사람, 대담한 행동을 하는 사람, 그리고 '철면피'에게 주어집니다.

셋째, 시대에 발맞춰 나가십시오. 일을 아무리 잘하고 능력이 뛰어나도 시대를 역행해서는 실패하기 마련입니다. 시대에 맞춰가지 못한다면 비즈니스 무대에서 내려와야 합니다. 저는 시대에 뒤떨어졌다는 말을 듣는 것이 가장 두렵고 걱정스럽습니다.

마지막으로, 자기 자신을 발전시켜야 합니다. 다른 사람을 탓해서도 안 되고 탓할 수도 없습니다. 이 세상에 '구세주'란 없습니다. 자신을 구원하는 사람은 자신뿐입니다.

산업 집중도를 높여야 기업도 생존한다. 정부는
거래비용을 감소시킬 수 있는 정책으로 대응하라.

쉬샤오녠

쉬샤오녠

許小年

1953년생. 안후이(安徽)성 허페이(合肥) 출신이다. 중국유럽국제공상학원(China Europe International Business School, CEIBS) 경제학과 및 금융학과 교수를 지내고 있다. 유럽연합과 중국이 함께 세운 경영대학원인 CEIBS는 1994년 설립된 이래 영국 〈파이낸셜 타임스〉가 선정한 아시아 최고 경영대학원 순위에 매년 오르고 있다.

쉬샤오녠은 1975년 시안(西安) 교통대학을 졸업했고, 전기전자과 엔지니어링 분야에서 학사 학위를 받았다. 1981년 중국 인민대학교를 졸업하고 엔지니어링과 경제학을 연계한 산업공학 분야에서 석사 학위를 받았다. 1991년에는 미국 캘리포니아 대학교 데이비스 캠퍼스에서 경제학 박사 학위를 받았고, 미국 앰허스트 대학에서 조교수 생활을 했다. 그는 메릴린치 증권 아시아·태평양 지역 수석 이코노미스트, 세계은행 고문을 역임한 바 있다. 2009년 미국 〈비즈니스 위크〉는 그를 '중국의 가장 영향력 있는 인물'로 선정했다.

리커창 총리의 경제좌담회에 참석할 정도로 중국을 대표하는 경제학자인 쉬샤오녠은 "개혁은 인센티브 시스템을 개선해 사회의 총생산량을 늘리는 방식으로 이루어져야 한다"면서 "개혁의 과정에서 피해를 보는 계층을 없앨 수 있을 때 성공한다"고 주장했다.

구조적 불균형으로 장기 침체에 빠진 중국 경제

최근 중국 경제는 긍정적이지 않습니다. 중국 경제의 지표와 성장 속도 하락은 주기에 따라 나타나는 일시적 현상이 아니라 구조적 쇠퇴로 보는 것이 맞습니다. 주기적 쇠퇴는 겨울철 감기처럼 일정 시간이 지나면 낫죠. 그러나 구조적 쇠퇴는 내부의 염증에서 비롯됩니다. 증상을 약화하는 약을 먹는다고 좋아질 수 없죠. 수술이 필요하다는 이야기입니다.

구조적 불균형은 왜 장기 침체를 유발할까요? 이 문제를 이해하기 위해서는 경제 구조의 불균형이 어떻게 중국 경제를 쇠퇴하게 만들었고, 어떤 분야에서 불균형이 발생했는지를 이해해야 합니다.

투자 수요와 소비의 불균형

중국의 소비 부족 현상은 수요 자체가 약세를 보이기 때문만은 아닙니다. 소비가 부족한 것은 사람에 비유하면 열이 나는 증상과 같습니다. 발열은 표면적으로 나타나는 현상이고, 실제로는 내부에 염증이 있다는 것이지요.

중국 정부와 기업은 모두 투자에 적극적이었습니다. GDP에서 투자가 차지하는 비중은 50%에 이르렀고 소비는 35%에 불과했습니다. 수요가 부족한 핵심 이유는 국민소득 분배 구조가 정부와 기업에 유리한 구조여서, 개인에게 돌아가는 몫이 계속 줄고 있다는 점입니다.

과잉 투자로 생산 능력이 구매력을 초과

중국의 경제 규모는 세계 2위이고, 제조업에서는 상당 부분이 세계 1위를 달성했습니다. 그러나 아무리 만들면 뭐합니까? 상품을 사겠다는 곳이 없습니다. 생산 능력은 이미 과잉 상태이고 기업은 투자를 꺼리고 있습니다. 철, 석탄, 시멘트 등 건축 자재 분야가 대표적입니다.

2009년에도 비슷한 상황이 발생했습니다. 당시 정부는 기업 투자가 부족하다는 판단 아래 기초 산업(basic industry)에 대한 투자를 늘렸습니다. 그러나 상황은 더욱 악화되었습니다. 기초 산업조차 투자 과잉 상태에 이르렀기 때문입니다.

중국의 GDP 대비 투자 비율은 세계 1위입니다. 지금과 같은 투자 과잉 상태에서 중국이 할 수 있는 유일한 선택은 과잉 생산 능력을 줄여나가는 것입니다. 중국에서 생산은 국내의 구매력을 초과하고 있습니다. 즉, 국민이 살 수 있는 것보다 더 많이 만들어서 재고가 쌓이고 있다는 이야기지요. 내수가 생산 능력을 따라가지 못하는 것은 소득 배분의 불균형에서 비롯되었습니다. 과거 10년간 국민소득의 배분은 일반 개인이 아니라 정부와 기업에 유리한 방향으로 이루어졌습니다. 정부와 기업만이 많은 돈을 갖게 되었습니다. 개인은 소비 여력이 충분하지 않게 된 것이지요. 국가는 부자인데 국민은 가난한 상태가 된 겁니다.

중국에서 정부 수입이 국민 경제에서 차지하는 비중은 1996년 12%에서 2011년 32%까지 상승했습니다. 기타 예산 외 수입 등 포함되지 않은 것까지 고려하면 비중이 더 크겠죠. 과거 10년간 중국에는 국진민퇴(国進民退, 국유 부문의 비중 확대가 민간 부문의 비중 축소로 이어짐) 현상이 두드러지게 나타났습니다. 정부 관리들은 이러한 현상을 부인해왔지만, 정부 수입이 GDP에서 차지하는 비율은 이미 1980년대의 계획경제 시대로 돌아온 것이나 다름없었습니다.

경제 쇠퇴를 바로잡는 방법은 구조적 개혁

중국의 구조적 불균형을 바로잡을 수 있는 방법은 구조적 개혁뿐입니다. 미국과 유럽의 사례를 살펴볼까요? 그간 일어났던 세계 금융위기의 근본 원인은 과도한 부채, 즉 자본과 부채의 불균형이었습니다. 서구 국가 경제의 심각한 구조적 문제는 모두 과도한 부채에서 비롯된 것이었습니다.

미국은 2008년 과도한 가계 부채로 금융위기를 겪었습니다. 돈을 아무리 벌어도 빌린 돈을 갚을 수 없는 현실에서 가계는 파산했고 은행은 부동산을 헐값에 팔아넘겼습니다. 부동산 가격이 폭락하면서 은행의 자산 가치도 같이 떨어졌고, 결국 은행도 파산하기에 이른 것이죠.

2012년 일어났던 유럽 금융위기는 부채 처리 방법이 문제였습니다. 유럽은 2009년 GDP 대비 대출 잔고가 최고점에 달했지만 2012년 금융위기 이후 아직까지 부채 비율이 떨어지지 않고 있습니다. 유럽식 사회주의 때문입니다. 돈을 근본으로 생각하는 자본주의에서는 전주(錢主)의 힘이 셉니다. 돈을 빌리면 이자를 지불해야 하고, 이자를 지불하지 않으면 돈을 빌린 사람의 재산을 경매에 넘겨서라도 돈을 갚게 합니다. 이렇게 해야만 시장 시스템이 돌아가기 때문입니다. 냉정하다고 생각할 수 있지만 이런 과정이 없다면 금융 시스템은 붕괴될 것입니다. 사실 미국은 이미 수십 개 은행이 도산했고, 수십만 가정이 집을 잃고 파산했습니다.

그러나 사회주의 사상이 강한 유럽은 사람을 우선시합니다. 아, 어쩌면 그렇게 주장할 뿐이지, 사람을 근본으로 여긴다고 생각하기 힘들지도 모르겠네요. 예를 들어볼까요? 유럽에서 집을 임대한 경우 세입자가 지불 능력이 없으면 몇 개월의 유예 기간을 줍니다. 대출 계약을 위반해도 집을 즉시 회수할 수 없고, 우선 거처를 마련해줘야 합니다. 은행이 집을 경매에 넘기지 못하게 하면 결과는 뻔하지요. 은행은 결손 처리를 하고, 결손이 쌓이면 그 은행은 파산합니다. 유럽은 은행 결손의 책임을 채무자가 아니라 정부가 부담했습니다. 결국 정부는 근본적인 문제를 해결하지 않고 국민 세금으로 결손을 메운 셈이 되어버렸습니다. 이것이 과연 사람을 진정으로 위하는 것인지는 잘 모르겠네요. 결국 많은 유럽 국가가 국가 부도 사태에 이르렀습니다. 그리스, 키프로스는 파산했고 스페인, 프랑스 등 다른 국가의 사정도 좋지 않습니다. 수입보다 지출이 많은 국가의 번영은 지속될 수 없습니다.

현재의 세계 경제 위기는 모두 각국 중앙은행이 과거 양적 완화로 경제 번영을 이룬 대가로 생긴 것입니다. 양적 완화는 잠시 효과를 볼 뿐, 진정한 대차대조표의 평형을 회복하는 데는 실질적인 효과가 없습니다. 수십 년간 이루어진 제로 금리 혹은 무이자 정책은 유럽과 일본 그 어느 나라도 구하지 못했습니다. 정말 중요한 것은 채무를 줄여나가는 일입니다. 과거 미국은 어떻게 했나요? 채무를 줄이고 구조조정을 했습니다. 반면 중국은 10년 동안 구조조정에 대해 이야기했지만 아직까지도 실행에 옮기지 못하고 있습니다. 근본적으로 구조조정을 하는 데 대한 두려움이 있기 때문입니다. 미국은 여기서 한발 더 나아가 유연한 시장 메커니즘을 만드는 것에서 새로운 경제 성장 동력을 찾았습니다. 다음이 그런 사례입니다.

- 실리콘밸리 등에서 혁신 기업을 키우며 혁신의 기반을 마련했다.
- 셰일 가스처럼 채굴 비용이 기존 에너지보다 30% 이상 낮은 에너지를 개발했다.
- 미국 내로 제조업을 재유치(리쇼어링, reshoring, 오바마 정부 들어 미국을 다시 제조업 기반으로 만들려는 노력)해서 새로운 투자와 소비의 사이클을 만들었다.

새로운 성장 동력은 정부 계획의 결과가 아니고 정부를 통해 실현되는 것도 아닙니다. 모든 혁신은 시장 내의 경쟁에 의해 형성됩니다. 중국이 미래의 성장 동력을 찾는 노력도 이와 같아야 합니다. 시장을 더욱 개방하고 시장에 대한 정부 통제를 멈추면 새로운 성장 동력이 자연스럽게 등장할 거라고 생각합니다. 시장, 그리고 국민에게 기회를 줘야 합니다.

다가오는 구조적 쇠퇴에서 어떻게 벗어날 것인가

중국의 민간 기업은 현재 고통스러운 전환기에 직면해 있습니다. 민간 기업은 원가 절감 노력, 시장 선점, 구조조정 등을 통해 시장에서의 핵심 경쟁력을 키워야 합니다. 중국이 처한 현재 상황은 어떨까요? 거의 모든 부문에서 과잉 생산이 이루어지고 있고, 그렇지 않은 부문은 투자할 수조차 없는 상황입니다. 예를 들면 공급이 부족한 의료 및 보건 분야는 정부의 과도한 통제로 투자할 수 없는 곳이 되어버렸습니다. 정부가 과감하게 규제를 철폐해야 할 시점인데 말이죠. 금융 역시 정부의 관리로 죽어버렸습니다. 사실 은행이 지점을 개설하는데 왜 정부에 평가받아야 하는지 잘 모르겠습니다. 지점 개설은 경영상의 문제입니다. 은행이 돈을 벌지 못하면 정부가 책임이라도 질 건가요? 저는 이런 모든 문제는 거래 비용의 문제로 귀결된다고 봅니다. 원래 정부의 역할은 거래 비용을 감소시키는 것이지만, 중국 정부는 오히려 거래 비용을 증가시키고 있습니다. 공개적으로는 거래 비용을 낮춘다고는 하지만 암암리에는 오히려 높이고 있는 것이 현실입니다.

이제 마지막으로 중국이 위기를 어떻게 벗어날 수 있을지 정리해보겠습니다. 그 방법은 크게 다섯 가지로 요약됩니다.

1. 시장화를 진행하고 산업을 재조직한다. 즉, 기업 간 인수 합병으로 과잉 생산을 없앤다.
2. 산업 집중도와 기업의 수익률을 높인다. 이는 기업 생존과도 밀접한 관계가 있다. 전통적인 기업을 새로운 기업으로 전환하는 데도 도움이 될 것이다.
3. 국유 기업의 인수 합병은 장려하지 말라. 국유 기업은 수익과 원가를 고려하지 않은 채 규모의 경제와 일자리 늘리기만을 추구하고 있어 비효율적이다.

4. 통신, 금융, 의료, 엔터테인먼트 등 서비스 산업에 실질적인 세금 감면 혜택을 부여하라.

5. 경쟁이 치열한 산업에 속한 국유 기업을 정리하라.

11장

경제 생산 능력 밀도를 높여라.

저우치런

저우치런

周其仁

1950년생. 상하이 출신 경제학자다. 중국 인민대학교를 졸업하고 미국 캘리포니아 대학교 로스앤젤레스 캠퍼스에서 박사 학위를 받았다. 시카고 대학 방문학자를 지내기도 했다. 현재 베이징대 국가발전연구원의 선임 교수이며, 학생들에게 '가장 환영받는 교수'로 평가받고 있다.

저우치런은 중국을 대표하는 경제학자로, 2010년부터 2012년까지 기준 금리를 결정하는 인민은행 통화정책위원회 위원으로 활동하기도 했다. 현재 중국의 개혁과 발전에 대한 연구를 맡고 있다. 재산권과 계약, 경제 제도 변화, 화폐와 금융, 토지 제도 개혁과 도시화 등에 관심이 많다.

그는 현실 문제에 관심을 갖고 실증적 연구를 강조하는 것으로 잘 알려져 있다. 1990년대 말 이후 내놓은 중국의 통신 산업 개혁에 대한 평론, 농촌 토지 제도에 대한 평론, 중국 의료 개혁에 대한 평론과 분석은 사회에서 큰 반향을 불러일으켰다. 그가 쓴 글을 통해 중국인들은 개혁의 필요성을 절감할 수 있었고, 이를 통해 그는 중국에서 가장 중요한 경제학자의 한 사람이 되었다.

특히 농촌 분야의 개혁에서 가장 중요한 인물로 꼽힌다. 홍콩 출신의 인권운동가 샤론 홈(Sharon Hom)은 자신의 책 《중국이 감추고 싶은 비밀》에서, 저우치런에 대해 "숫자 놀음을 거부하고 소작농의 권리와 체제의 모순에 깊은 관심을 보여 대중적인 갈채를 받았다"고 평가했다. 또한 저우치런은 중국 통신 산업 분야에도 경쟁 제도를 도입해야 한다고 주장했다. 2008년부터 2012년까지 베이징대 국가발전연구원장을 역임했다.

위기의 경제, 기회 또한 크다

　중국은 지난 수십 년간 어떻게 연 10% 이상의 경제 성장을 지속할 수 있었을까요? 사실 이것은 중국 스스로 이룩한 성과로만 보기는 힘듭니다. 개혁 개방 정책을 편 효과도 있었지만, 세계 경제 구조와도 밀접한 관련이 있었습니다.

　제2차 세계대전 이후 세계에는 2개의 해수면이 존재했습니다. 선진국이 만든 높은 해수면과 개발도상국이 형성한 낮은 해수면이 그것입니다. 선진국들은 과거에 상호 투자와 무역 확대로 생산을 늘렸고 생활 수준을 높여왔지만, 제2차 세계대전 후 냉전 체제로 갈라지면서 중국, 인도, 구소련 같은 개발도상국과의 교역이 눈에 띄게 줄었습니다. 심지어 수입 대체론을 신봉했던 중국은 선진국의 상품을 도입하지 않는 정책을 펴기도 했습니다.

　제2차 세계대전 당시 미국의 1인당 GDP가 1만 3,500달러였던 데 비해 중국의 1인당 GDP는 200달러에 불과했습니다. 통계로 다 잡히지 않는 중국의 현실을 감안하면 다른 선진국의 GDP는 중국보다 80~100배 높았을 것입니다. 시장경제로 전환하지 않고 시장을 개방하지 않았다면 중국 경제는 더 최악의 상태가 되었을 거라는 데는 이견이 없습니다. 개혁 개방 후 중국의 제조업은 급속하게 성장했고, 선진국과의 노동자 임금 격차도 크게 줄었습니다. 현재 중국의 1인당 GDP는 선진국의 90% 수준입니다. 정말 많이 따라온 것이지요. .

이런 이유로 저는 앞으로 중국 경제 전망은 어둡지 않다고 생각합니다. 소득 수준이 높아지면서 교육과 학습에 대한 관심이 커지고, 단순 모방 생산 시스템에서 벗어나려고 노력하고 있습니다. 또한 뛰어난 제조 기술력을 바탕으로 하는 혁신 활동이 핵심 경쟁력으로 자리 잡고 있습니다. 중국은 계속 발전하고 있습니다. 혁신과 창조 활동이 왕성해지고 있다는 것과 우수한 노동력을 갖고 있다는 것 역시 경쟁 우위 요소입니다.

세계적인 시각에서 선진국과 개발도상국의 '두 개의 해수면'은 점차 가까워지면서 차이가 점차 좁아지고 있습니다. 개발도상국에는 좋은 일이지만 선진국으로서는 그리 달갑지 않은 일이긴 합니다. 선진국 자본은 모두 자국을 떠나 중국, 인도와 같은 저임금 국가로 투자되어왔으니까요.

앞으로는 어떤 문제가 발생할까요? 현재 중국 뒤로 새로운 해수면이 형성되었습니다. 바로 중국보다 인건비가 낮은 베트남과 인도, 아프리카 국가들이 형성하는 해수면입니다. 중국 역시 이들 국가에 대한 투자를 시작했고, 2014년에 이르러서는 순 자본 유출국이 되었습니다. 과거에는 해외로부터 투자를 받았지만 이제는 중국 자본이 해외로 나가기 시작한 것이지요.

중국은 매우 빠른 속도로 경제 발전을 이루어왔습니다. 자동차와 선박처럼 기술과 자본이 섞인 상품 영역에서 두각을 나타내기 시작했고 설비 수출도 증가하고 있습니다. 향후 5년 내에 중국은 개발도상국에서 선진국으로 성장함으로써 누리는 장점을 취할 수 있게 될 겁니다. 하지만 지금의 선진국들이 하는 것과 비슷한 고민에 빠질 수 있다는 사실도 염두에 두어야 하겠죠.

생산능력의 밀도를 높여라

금융 서비스를 제공하기 시작한 중국 최대 전자상거래 업체 알리바바는 인터넷 혁명을 농촌으로 전파하려고 합니다. 중국 전역에 10만 개가 넘는 타오바오 마을을 형성하고자 합니다. 또한 알리바바는 농촌 마을의 우수한 생산품을 인터넷을 통해 중국 전역과 세계에 판매하겠다는 목표도 세웠습니다.

사실 과거에 농산품은 유통이 큰 문제였습니다. 낙후된 판매 유통 시스템 때문에 도시로 쉽게 농산품을 팔 수 없었고, 그 결과 농촌의 구매력은 낮은 편이었습니다. 이제 농촌의 소득이 증가하면 구매력이 높아지면서 새로운 시장이 형성될 것으로 기대됩니다. 농민들도 수입이 짭짤해지면서 소비를 늘릴 수 있다는 뜻입니다.

여기서 생산 능력 밀도에 대해 알아보겠습니다. 생산 능력 밀도는 도시화에 빗대어서 설명할 수 있습니다. 도시화의 기준은 통상적으로 1제곱킬로미터 내에 사람이 몇 명 있는지, 집단 생활이 가능한지, 얼마나 많은 상품을 생산할 수 있는지 등입니다. 미국 GDP의 85%는 전체 면적의 3%밖에 되지 않는 도시에 집중되어 있습니다. 그러나 중국은 부가 지역적으로 매우 넓게 분포되어 있습니다.

1제곱킬로미터당 GDP 창출액을 비교해보면 뉴욕은 16억 달러 (1조 8,800억 원), 홍콩과 싱가포르는 4~5억 달러에 이르지만 중국은 1만 5,000달러에 그치고 있습니다. 이것은 바꿔 말하면 기회이기도 합니다. 앞으로 중국 농촌 개발과 공간 배치 계획이 완성되면 일정 공간의 '경제 생산 능력 밀도'가 폭발적으로 높아질 것입니다. 이것이 중국에는 또 다른 기회이며 도전 과제가 될 겁니다.

교육 혁신으로 품질 문제 해결

중국은 높아진 구매력을 통해 많은 것을 수입에 의존하고 있습니다. 원자재를 제외한 상품 수입이 크게 늘고 있는 가장 큰 이유는 중국 제품의 품질이 낮다는 것입니다. 중국은 가격 경쟁력은 높지만 품질 경쟁력은 떨어집니다. 물론 최근 들어 중국 기업들은 품질에 대한 관심을 높였습니다. 예를 들어 런정페이(任正非, 화웨이 창업자) 회장이 내놓은 최신 화웨이 휴대폰이 좋은 평가를 받고, 샤오미 또한 400년 전통의 제약회사인 퉁런탕(同仁堂)이 품질에 집중하는 정신을 본받겠다고 하는 등 품질을 강조하는 모습입니다. 그러나 여전히 품질이 떨어지는 것은 사실입니다.

중국 제품과 서비스의 질이 떨어지는 가장 큰 이유는 품질에 대한 의식 부족이라고 저는 생각합니다. 모든 물건에 완벽을 추구하는 독일·일본과는 달리 아직까지 중국인은 일을 대충 처리하고, 완벽하지 않아도 시기를 놓치지 않으면 된다는 농촌 문명의 특성을 유지하고 있습니다. 저는 이것이 오히려 큰 기회가 될 수도 있다고 생각합니다.

이것이 바로 중국이 직면한 세 번째 과제입니다. 품질 향상을 위해서는 혁신이 필요한데, 중국이 진정한 혁신을 하려면 교육에서 시작해야 합니다. 14억 명에 이르는 많은 중국인은 왜 좋은 아이디어를 내지 못하고 있을까요? 시험 위주의 교육 방식을 고수하는 중국 교육계의 반성이 필요하며, 지금부터라도 뼈를 깎는 아픔으로 교육 개혁을 시작해야 합니다.

스코틀랜드의 예를 들어볼게요. 17세기 이전 스코틀랜드의 에든버러는 불모지에 가까웠습니다. 하지만 몇몇 아이디어가 이 지역을 변화시켰습니다. 위대한 경제학자이자 사상가인 애덤 스미스(Adam Smith)가 대표적입니다. 에든버러로 돌아온 애덤 스미스는 다양한 사상가와 활동가들을 모았고, 현지의 시장과 상인들이 자본을 대며 그들을 지지했습니다.

당시 에든버러의 인구는 5만 명, 스코틀랜드의 인구는 100만 명, 면적은 7만 7,000제곱킬로미터(대한민국의 면적은 9만 9,720제곱킬로미터임 -역자 주)에 불과했습니다. 중국의 충칭보다도 작지만 에든버러는 수많은 사상가와 혁신가, 발명가를 배출했습니다. 애덤 스미스가 에든버러 출신이며, 기계 혁명과 산업혁명이 에든버러에서 일어났습니다. 페니실린 역시 에든버러 출신이 발명한 것인데, 이것이 없었다면 전 인류의 기대 수명이 지금처럼 높아지지 않았을 겁니다. 우리가 널리 쓰고 있는 현금 인출기도 에든버러에서, 지문 인식기는 스코틀랜드에서 시작되었습니다. 모두가 사랑하는 골프 역시 스코틀랜드인이 양을 방목할 때 발명한 것입니다.

저는 광활한 토지와 인구를 가진 중국 역시 창조의 발원지가 될 수 있다고 생각합니다. 좋은 아이디어를 끊임없이 만들어낸다면 인재 문제도 해결할 수 있습니다.

정치와 경제의 올바른 관계를 설정하라

중국인은 부패 척결을 중요한 문제로 생각합니다. 그러나 이 문제를 제대로 해결하기 위해서는 부패한 사람을 잡아들이는 것뿐 아니라 효과적인 시스템을 갖춰야 합니다.

정부 관료 한 명이 문제를 일으키면 그를 상대한 기업가에게도 문제가 생깁니다. 다시 다른 관료에게 문제가 전파될 수도 있고요. 이렇게 잘못된 시스템과 문화, 분위기 등이 연달아 새로운 문제를 야기합니다. 많은 이들이 시장과 정부의 역할에 대해 토론하지만, 결국 중국에서는 정부(정치)와 시장(경제)이 하나로 뒤섞이는 일이 발생하곤 합니다.

문제 해결의 요점은 시장 속 정부가 권력의 경계선을 어떻게 긋느냐에 달려 있습니다. 수천 년 문명을 지닌 중국에는 큰 도전입니다. 정부의 힘이 너무 약하면 다양한 갈등을 처리할 수 없으니 안 됩니다. 강한 정부가 필요하지만, 힘이 너무 과하면 정부 자체를 통제할 수 없는 상태가 됩니다.

이것이 바로 정부가 안고 있는 문제입니다. 어떻게 해야 정부의 힘을 유지하면서도 시장이 효율적으로 돌아가게 할까요? 그간 중국 정부는 "정부 역할을 제대로 하면서 권력이 도를 넘지 않는" 적정선을 찾지 못했습니다.

중국이 만든 제품은 왜 혁신이 부족하고 품질이 떨어지는 걸까요? 제 생각에 중국 기업가들이 시간과 힘을 상품, 기술, 시장이 아닌 관료 사회에 쏟고 있기 때문입니다. 중국이 상품과 기술, 시장에 집중하지 않는 동안 다른 국가는 혁신을 이루어왔습니다.

국가의 권력은 효력이 있어야 하고, 견제와 균형을 이루어야 하며, 일정한 규율과 법치가 존재해야 합니다. 얼핏 이런 이야기는 매우 추상적인 것 같지만 일상생활과 밀접한 관련이 있습니다.

앞서 밝힌 대로 문제 해결을 위한 4가지 포인트를 요약하면 다음과 같습니다.

1. 중국은 어느 위치에 설 것인가? 20년의 개혁 개방 기간 동안 전 세계의 '해수면'은 2개에서 3개로 변했다. 중국은 어느 위치에 서야 이익을 얻고 손해는 막을 것인가?
2. 중국은 도시화와 생산 능력의 밀도 측면에서 거대한 잠재력을 갖고 있다.
3. 혁신 과학자과 엔지니어를 육성해야 한다. 중국은 유럽과 같이 유구한 고대 문명과 찬란한 문화를 가졌지만 르네상스, 과학 혁명, 계몽 운동이라는 3가지 측면에서 뒤떨어졌다. 과학자가 아니라 연예인만 좇는 현재 사회 분위기도 큰 문제다.
4. 정부와 재계의 관계를 재설정하라. 시장 발전에는 국가 권력뿐 아니라 경쟁이 필요하다. 그러나 정부가 완전히 배제된 시장은 비현실적이기 때문에 균형감 있게 접근하자.

마지막으로 한 번 더 강조하고 싶은 것은 바로 뉴 노멀입니다. 뉴 노멀은 금융위기 이후 미국 금융계에서 처음 제기된 것으로, 0%에 가까운 성장을 의미합니다. 시진핑 주석이 강조한 "뉴 노멀에 익숙해지는 것"은 먼저 우리의 심리 상태를 가다듬자는 것입니다.

이후 뉴 노멀은 경제학자의 예측이 아닌, 기업가와 정부의 행동에 달려 있습니다. 현재 중국이 직면한 도전 과제들은 매우 중요한 것이며, 어떻게 행동하느냐에 따라 향후 발전 결과는 크게 달라질 겁니다.

12장

중국의 개혁 속도는 이미 빠르다.

선젠광

선젠광

瀋建光

일본계 증권사인 미즈호 증권의 홍콩 지부에서 아시아 지역 수석 이코노미스트를 지내고 있다. 상하이 푸단 대학교 세계경제학과를 졸업하고 핀란드 헬싱키 대학 경제학 석박사를 마친 뒤 MIT에서 공부했다. OECD 고문직과 중국 인민은행 방문학자 등을 역임했다. 국제통화기금(IMF)과 핀란드 중앙은행 이코노미스트 등을 지내면서 중국 금융 매체인 〈제일재경일보〉, 영국 〈파이낸셜 타임스〉 등에 기고했다.

선전광은 위안화 국제화의 첨병에 선 인물로서, 2011년에는 위안화 국제화에 관한 로드맵을 제시한 보고서를 발표했다. 2011년에는 기관투자가들이 뽑은 '올해의 중화권 이코노미스트'로 선정되기도 했다.

그는 1995년 창립된 중국 최대 국영 투자은행인 중국국제금융공사(중금공사)가 배출한 이코노미스트로 잘 알려져 있다. 중금공사는 주룽지(朱鎔基) 전 총리의 아들이 이끌어 화제가 됐으며, 중국계 이코노미스트들의 '사관학교'로 불릴 만큼 입지가 높다. 중금공사 출신으로는 쉬샤오녠 등이 있다. 쉬샤오녠은 선전광에 앞서 중금공사에서 활약했고, 연구 담당 상무이사를 맡았다.

2014년 11월 9일, 시진핑 주석은 APEC 정상회의 개막식에서 '지속적인 발전을 모색하고 아시아 태평양의 꿈을 함께 건설하다'라는 주제로 기조 연설을 하면서 중국 경제의 뉴 노멀에 대해 이야기했습니다. 그가 발표한 뉴 노멀의 특징 3가지는 다음과 같습니다. 첫째, 고속 성장을 중속 성장으로 전환한다, 둘째, 경제 구조를 끊임없이 업그레이드한다, 셋째, 투자를 포함한 여러 경제 활동을 창조적으로 전환한다는 것입니다. 그는 뉴 노멀이라는 개념을 이야기한 뒤 "중국 경제의 성장 속도는 낮아졌지만 실질적인 면에서 경제 체질이 개선되고 있다"고 밝혔습니다. 경제 성장률이 7%대로 떨어지긴 했지만 이는 전 세계적으로 보면 여전히 높은 수치입니다. 확실히 맞는 말입니다. 중국 경제가 낮은 성장세를 보이고 있지만 전 세계 최고 수준인 것은 사실이며, 신흥 시장 중에서도 선두에 서 있습니다. 저는 중국이 경제 성장의 속도를 하향 조정하는 것을 꼭 비관적으로 볼 필요는 없다고 생각합니다. 오히려 새 술은 새 부대에 담는 심정으로, 신창타이 시대에는 신신타이(新心態, 새로운 마음가짐)로 뉴 노멀 경제를 지켜봐야 할 겁니다.

금융위기 후 드러난 전 세계의 약성장 패턴

글로벌 금융위기(2006~2007년) 이전의 세계 경제 성장률은 5.5% 이상이었습니다. 10년이 지난 지금, 경제 상황은 어느 정도 나아졌지만 전 세계 경제 성장률은 금융위기(2008년) 이전에 비해 2%포인트 정도 하락했습니다. 즉 '약(弱)성장' 패턴이 나타난 것입니다. 현재 전 세계 경제 성장률은 3%대 초반에 머물러 있습니다.

구체적으로 살펴보면, 선진국 가운데 가장 먼저 경제 회복세를 보인 미국은 한때 분기별 성장률이 5%대에 이르렀고 실업률 역시 5.8%까지 떨어지기도 했습니다. 하지만 많은 전문가는 미국 경제 성장률이 결국 2~3%대로 떨어질 것으로 전망하고 있습니다.

미국에 비해 상대적으로 유로존은 아직도 궁지에 몰려 있습니다. 경제 지표들을 보면 '일본화'되어가는 경향을 보입니다. 특히 눈여겨봐야 할 것은 과거에는 비교적 안정적이었던 유로존의 경제 견인차 독일입니다. 독일조차 수출액이 크게 하락하며 경제의 불확실성이 커지고 있는 실정입니다. 따라서 유로존의 경제가 불확실성이 높고, 3% 이상의 경제 성장률을 기록하기도 어려울 것으로 보입니다. 더 나쁜 상황은 유로존이 일본의 잃어버린 20년처럼 과거로 다시 후퇴하는 상황이겠죠. 성장이 정체되고 디플레이션이 발생할 가능성도 있습니다.

일본 경제는 아베노믹스가 시행되어 소비세를 인상한 후 소비가 위축되면서 큰 타격을 받았습니다. 앞으로도 아베노믹스의 효과가 어떤 방식으로 나타날지는 눈여겨봐야 하겠지요. 일본 경제는 양적 완화와 세율 인상 등에 의한 변수가 작동하면서 불확실성이 더욱 커지고 있습니다.

선진국과 비교해서 개발도상국들의 상황은 명확하게 구분됩니다. 브릭스의 경우 인도는 약간 낮은 경제 성장률을 보이며 선방했지만, 러시아와 브라질 경제는 걱정이 앞섭니다. 브라질은 이미 마이너스 성장 단계에서 벗어나지 못하고 있습니다. 지카 바이러스가 브라질의 관광 산업 등을 위축시키고 있고 정치적 불안정성까지 겹치면서 국가 상황을 가늠하기 어렵습니다.

이들 국가와 비교하면 중국 시장 전망은 여전히 밝습니다. 시진핑 주석이 천명한 '중속 성장으로의 전환'이 이루어진다 해도 7%대의 성장이 예측되기 때문입니다. 이 정도의 성장률을 기대하는 국가는 전 세계 어디에도 없을 겁니다.

특히 정부는 단기 경제 성장 하락에 대응해서 기준 금리 인하와 주택 대출 지원 등 두 가지 정책을 펴고 있습니다. 이 두 정책은 시장 안정화에 기여할 것으로 기대됩니다. 이 밖에도 전자상거래 시장이 확대되면서 도시와 농촌 지역의 소비가 촉진되는 중입니다.

중국의 개혁 속도는 이미 빠르다

안정적으로 성장해야 한다는 목표와 구조적으로 개혁을 꾀한다는 목표, 중국은 이 두 가지 목표 아래 정책적 균형을 맞추기 위해 노력하고 있습니다.

중국뿐 아니라 사실상 전 세계 경제가 뉴 노멀 시대에 들어갔는데요. 뉴 노멀 시대의 경제에는 명확한 특징이 하나 있습니다. 바로 구조적 개혁이 모든 국가의 중요한 임무가 되었다는 것입니다.

일부 선진국은 경제 성장이 어느 정도 회복되긴 했지만 주로 유동성 확대로 얻어진 것이었고, 향후 구조적 개혁에 대한 욕구가 다시 불거져 나올 수 있습니다. 개발도상국 대부분은 뚜렷한 구조 개혁 해법을 갖고 있지 못합니다. 따라서 앞으로 세계 경제의 번영은 선진국이든 개도국이든 궁극적으로 '구조 개혁'에 달려 있다 해도 과언이 아닙니다.

선진국 중에서는 미국 경제가 가장 활기를 보이고는 있지만 주로 양적 완화를 통한 자산 가격 상승 덕분입니다. 사실상 구조 개혁의 진전은 크게 이루어지지 않은 것으로 보입니다. 미국은 금융위기 때 침체되었던 부동산 시장이 회복해서 경제가 활력을 찾은 것입니다. 또 생산 효율성 증가에는 한계를 보이고 있습니다. 낮은 저축률은 아직 개선되지 않았고, GDP에서 제조업이 차지하는 비중도 낮습니다. 미국은 의료비 부담도 높고 금융 정책으로는 구조적 개혁을 이룰 수 없는 구조입니다.

이에 비해 유로존의 구조적 개혁은 일정한 효과를 봤습니다. 하지만 여전히 갈 길이 멉니다. 특히 디플레이션과 불황이 공존하는 특징을 보이고 있어, 유로존이 '일본화'될 가능성도 적지 않기 때문이지요. 유로존은 구조적 모순이 매우 큰 지역입니다. 노동 시장은 정체되고 복지 부담이 크며 단일 주권 국가로서의 공통된 인식도 부족합니다. 실제로 2016년 일어난 브렉시트 국민투표(영국이 EU를 떠나기로 최종 결정함 -역자 주)만 봐도 단일 공동체로서의 기반을 흔드는 일이었지요. 의심의 여지 없이, 앞서 밝힌 구조적 개혁이 유로존의 발전을 결정하는 유일한 방법이 될 것입니다.

개발도상국에는 구조적 개혁이 더 시급한 과제입니다. 역사적으로 보면 미국 달러는 큰 변화를 몇 차례 겪었고, 달러 변화에 따라 개발도상국도 큰 영향을 받았습니다. 1980년대 초 라틴아메리카의 금융위기와 1997년 아시아 금융위기는 모두 미국 연방준비위원회의 긴축 정책과 관련이 있습니다. 게다가 최근에는 달러 강세로 개발도상국들이 자본 유출 압력에 시달리고 있습니다. 달러가 강세를 띠면서 개발도상국들의 화폐는 평가절하 압력을 받고 있습니다. 개발도상국은 내부적으로 서둘러 구조적 개혁에 나서야 하고, 이를 통해 자국 경제가 입을 수 있는 충격을 최소화해야 합니다.

중국은 시장화 개혁을 전면적으로 빠르게 실시하고 있습니다. 그중에서도 가장 시급한 것은 조세 제도의 개혁입니다. 이 밖에 금융 개혁, 지방정부 행정 관리 개혁, 신도시 건설, 국유 기업 개혁

등도 속도를 내고 있습니다.

결국 글로벌 경제위기 후 전 세계와 중국은 모두 뉴 노멀 단계에 진입했습니다. 비록 중국 경제가 단기적으로는 둔화되고 있지만, 전망은 그리 어둡지 않습니다. 구조적 개혁 추진에서도 다른 국가보다 나은 실정입니다. 따라서 저는 중국 경제에 대해 과도하게 비관적 견해를 가질 필요는 없으며, 뉴 노멀 시기 신창타이 경제에는 새로운 마음가짐(신신타이)이 필요하다는 점만 강조하고 싶습니다.

성장은 더 많은 개혁 가능성을 만든다

시진핑 주석이 APEC 기조 연설에서 언급한 것처럼, 뉴 노멀 시대에 중국 경제가 7%대의 성장률을 기록한다 하더라도 이는 세계 최고 수준입니다. 게다가 13차 5개년 계획(2016~2020년) 시기의 GDP 성장 목표는 낮게 잡아도 무방합니다. 물론 최저 수준을 어디로 잡을지는 많은 토론이 필요하겠지요.

중국 사회과학원의 부원장 차이팡이 예측한 바와 같이, 노동 가능 인구가 점차 줄어드는 것을 고려한 13차 5개년 계획 시기 중국 경제 성장률은 6.2%로, 12차 5개년 계획(2010~2015년) 시기인 7.6%보다 낮을 것입니다.

푸단 대학교 장쥔(張軍) 교수 또한 중국은 지난 30년간 총요소생산성(TFP)의 성장률이 평균 4%대를 유지할 수 없었으므로, 향후 20년 동안 연평균 2~3% 수준의 성장 목표를 갖는 것이 바람직하다고 언급했습니다.

물론 성장률이 두 자릿수에서 한 자릿수인 7%까지 낮아지면서 생길 수 있는 대규모 실업자와 금융위기 등에 대비할 필요가 있습니다. 실제로 10%대로 성장하던 것이 7.5%로 떨어지면 취업난, 생산 능력 하락, 부채 위기, 지방정부 재정 축소 등을 유발할 수 있습니다. 그러나 실제로 7.5% 이하로 떨어지더라도 그렇게 비관적인 상황이 벌어지지는 않을 것이라고 봅니다.

지난 2011년부터 2013년까지의 중국 GDP 성장률은 각각 9.3%, 7.7%, 7.7%였습니다. 1인당 국민소득 성장률은 각각 9.1%, 9.8%, 7.6%였습니다. 그래서 저는 향후 7년간 중국 GDP 성장률이 6.7%를 유지하기만 한다면 1인당 평균 소득은 실제적으로 6.5% 성장률을 유지할 수 있고 성장 동력도 크게 훼손되지 않을 것으로 봅니다.

물론 6.7%라는 GDP 성장률을 성장의 마지노선으로 보는 것은 시장 예측보다 낮은 수준입니다. 저는 실제 중국의 성장률은 이 마지노선보다 높을 것이라 확신합니다. 일단 리스크가 있다 하더라도 빠르게 행동할 필요가 있습니다. 정책 실행의 가장 좋은 시기를 놓쳐서는 안 되기 때문이죠. 목표를 분명히 하고 하나씩 실천해나간다면 중국의 미래는 밝을 것으로 기대합니다.

13장

10년을 갈아야 검 하나가 나온다.

리다오쿠이

리다오쿠이

李稻葵

1963년생. 칭화 대학교 경제관리학원 석좌교수 겸 중국 인민은행 통화정책위원이다.

1985년 칭화 대학교 경제관리대학 관리정보시스템 학과를 졸업했다. 1985~1986년 미국 하버드 대학교 국제발전연구소의 객원 연구원을 지냈고 1992년 하버드 대학교에서 철학박사(경제학) 학위를 받았다. 1992~1999년 미국 앤아버 미시간 대학교 경제과 조교수 겸 중국연구센터 연구원을 지냈고, 1997~1998년 미국 스탠퍼드 대학교 후버연구소 국가연구원을 지내면서 중국 경제 개혁의 제도 변천에 대한 연구를 진행했다.

1999~2004년 홍콩 과학기술대학교 경제학과 부교수 및 경제발전연구센터 부주임을 역임했다. 세계은행에서 중국사회보장체제 개혁연구 프로젝트 고문(1989년)을 지냈으며 재중 미국유학경제학회(CES) 회장도 지냈다. 유럽경제정책 연구센터(CEPR)와 미국 미시간 대학교 윌리엄 데이비드슨 연구소 연구원으로 활동했으며, 중국에서 발간되는 잡지 〈경제연구〉, 홍콩의 〈중국평론〉 등의 잡지 편집위원, 국제비교경제연구회 집행이사를 맡고 있다.

10년을 갈아야 검 하나가 나온다

중국 경제는 지난 10년간 빠르게 발전했습니다. WTO에 가입한 후에도 세계 경제에 압도되지 않고 오히려 예상을 뒤집으며 탁월한 성장을 보여줬습니다.

중국은 베이징 올림픽(2008년), 상하이 엑스포(2010년) 등 연이은 국제 행사를 개최하면서도 국내외 많은 어려움을 잘 이겨냈습니다. 2008년 글로벌 금융위기를 비롯해 쓰촨(四川) 대지진도 그런 예입니다. 사회 전체가 이런 중요한 이슈에 집중하다 보니 사실 내부적인 개혁은 우선순위에서 밀려 있었습니다. 중국 내뿐 아니라 전 세계 학자들이 전면적 개혁을 요구했음에도 불구하고 말이죠.

개혁이 지연되면서 중국 경제와 사회에는 각종 문제들이 발생했습니다. 경제 운용 측면에서도 민간 부문의 역량이 턱없이 부족했고 금융 시스템의 위험이 그대로 드러났습니다. 일부 지방정부의 재정난과 국제무역 마찰 등의 문제도 일어났습니다.

이러한 일련의 문제로 중국 사회 구성원들은 한 가지 공통된 생각을 갖게 됐습니다. '개혁을 하지 않으면 안 되는 시기가 왔다'는 것입니다. 이런 컨센서스는 쉽게 형성되지 않습니다. 이미 지도자들의 결심은 굳게 섰습니다. 시진핑 주석을 비롯해 중앙정부가 개혁하겠다는 의지가 강합니다. 중국의 경제 개혁의 방향은 향후 10년이 결정할 겁니다. 또 정치·경제·사회 시스템의 새로운 국면을 제시하게 될 것입니다.

정부가 이야기한 '두 개의 100년'이라는 목표의 달성 여부도 개혁에 달려 있습니다. 여기서 말하는 '두 개의 100년'이란 중국공산당 성립 100주년인 2021년에 샤오캉사회(小康社會, 중산층 사회)를 건설하고, 중국 국가 성립 100주년인 2049년에 부강한 사회주의와 현대화된 국가를 실현하겠다는 목표를 말합니다. 이는 시진핑 주석이 제시한 국가 목표입니다. 결국 향후 10년의 개혁이 중국의 미래 수십 년을 결정짓는다 해도 과언이 아닐 것입니다.

시진핑 정부의 개혁은 무엇이 새로운가

시진핑 정부의 개혁은 기존의 개혁과는 어떤 점이 다를까요? 1978년 덩샤오핑 주석 시기의 개혁이 농촌에서 시작됐다면,

1984년의 개혁은 도시에서 이루어졌습니다. 1992년 개혁은 주로 시장경제 체제를 확립하는 데 집중되었고요. 1994년의 개혁은 전면적인 시장경제의 개혁을 한층 확대하는 것이었습니다.

현재의 개혁은 정치·경제·사회 전 영역의 핵심 문제를 건드리고 있다는 점에서 기존의 개혁과 다릅니다. 이번 개혁은 중국이라는 방대한 경제 시스템의 뼛속 구석구석까지 영향을 미쳐서 결국 개혁이라는 새로운 피를 만들어내는 조혈(造血) 기능을 한다는 점에서 보다 높은 차원의 개혁입니다.

구체적으로 이야기하면, 이번 개혁은 경제 영역뿐만 아니라 법치 시스템, 정부의 행정 관리 체제, 교육과 과학 기술, 사회 관리 체계 등 모든 것과 맞물려 있습니다. 중국의 경제 운용을 방해해온 병폐들은 이미 경제 시스템 자체를 초월하며 존재해왔습니다.

정부의 정책과 행정 시스템은 경제에 큰 영향을 줍니다. 예를 들어 지방정부가 맹목적으로 1인당 국민소득과 GDP 실적을 올리는 데만 관심을 갖고, 중앙정부는 권력을 남용하여 각종 규제를 만든다든지 특정 사안을 처리하는 데 돈을 쓰게 하는 것이 대표적입니다. 지방정부가 경제 문제에 간여해 '지대 추구 행위'를 벌이는 것도 경제 문제인 동시에 정치 문제입니다.

일부 국민은 시장화와 개혁 개방을 인정하려 들지 않습니다. 서구식의 자유시장경제 체제가 되면 이익보다는 손해가 클 것이라고 여기기 때문입니다.

왜 이런 생각을 할까요? 그 원인은 사회 복지 시스템에서 찾아

볼 수 있습니다. 사회 복지 시스템이 제대로 갖춰지지 않은 상황에서, 중국에선 그동안 시장경제의 발전으로 생긴 이익이 적절하고 합리적으로 재분배되지 않았습니다. 시장경제 내에서 제대로 만족할 만한 이익을 얻지 못하고 상대적으로 손해를 본 사람들이 생겨나기 때문에 국민이 시장경제를 긍정적으로 바라보지 않게 된 것입니다.

또 다른 예는 사법 체제에 존재하는 불합리성입니다. 중국에서는 사법 부문이 지나치게 행정부의 눈치를 보면서, 경제적 분쟁이 발생했을 때 법에 따라 해결하지 못하는 경우가 많았습니다. 주식 시장에서 내부자 공모로 부당 이익을 챙기거나 대주주들이 개인 투자자에게 큰 손해를 끼치고 이익을 챙겨도 제대로 된 처벌과 교정이 이루어지지 않았습니다.

기본적인 교육·문화·보건·위생 등 정부가 관심을 가져야 하는 공공 부문에서도 수요는 항상 공급을 초과했습니다. 수요는 많은데 그만큼 공공재가 공급되지 않은 것이죠.

단순한 경제 개혁만으로는 이렇게 수많은 문제를 해결할 수 없습니다. 정치·사회·경제 시스템의 교집합을 이루는 부분에서 시간을 들이고 공을 들여야 합니다. 그래야만 수많은 문제를 해결하고 시장경제 체제를 발전시키며 경제 발전의 장기적인 원동력을 확보할 수 있습니다.

개혁 방식 자체를 개혁하라

지난 10년간 중국의 개혁을 논할 때 종종 '상층부 설계'라는 개념을 강조해왔습니다. 사실 '상층부 설계'라는 사고방식은 '상층부 의견 대립'으로 이어지기 마련이었습니다. 상층부에서 의견이 대립하면 '의견만 있고, 아무것도 결정된 것이 없는' 상태로 이어집니다. 앞으로 나아가지 못하고 비생산적인 의견 충돌만 야기한다는 뜻입니다.

개혁의 본질은 '설계'가 아닙니다. '상층부 설계'로는 개혁을 할 수 없지요. '상층부 설계'는 탐색을 의미할 뿐입니다. 결국 모든 해결책은 실천을 통해 이루어지며, 상층부가 아니라 기층 국민이 내뿜는 창조성에 의해 이룩되어야 마땅합니다.

시진핑 정부의 개혁은 상층부 설계가 아닌 일반 국민의 개혁으로 '개혁 방식'을 바꿀 절호의 기회입니다. 이는 중국 초창기의 개혁으로 돌아가는 것이기도 합니다. 일반 국민의 창조성을 발휘시켜 상황에 맞는 개혁 방안을 찾아보자는 얘기입니다.

예를 들어 호적 제도 역시 지역별 사정에 맞게 개혁해야 합니다. 지역마다 환경이 다르고 개혁을 받아들일 수 있는 정도가 다르기 때문입니다. 인구 밀도 역시 크게 차이가 납니다. 각 지역은 저마다의 가치와 모습을 갖고 있습니다. 따라서 본질적으로 각지의 사회·경제·생활 환경·주민의식 등 고유 상황에 맞게 실행해야 옳습니다.

토지 문제도 그렇습니다. 각자 경제에 대한 이해도가 다르고 토지 문제를 받아들이는 능력 역시 다릅니다. 1인당 토지 확보량도 다르고 각자가 느끼는 가치도 다릅니다. 그래서 이 역시 일괄적으로 논할 수 없는 문제입니다. 토지 문제와 관련해서 각 지역에서 계획을 세우게 하고 농민에게 실질적인 혜택이 돌아갈 수 있게 해야겠죠. 개혁 방식의 창조성은 탁상공론에서 나오지 않습니다.

중국의 최대 강점은 대국(大國) 경제라는 것, 초대형 사회라는 점입니다. 지역별 차이가 크기 때문에 오히려 다양한 사람들의 창의적인 능력과 상상력이 발휘될 여지가 큽니다. 이런 속에서 부단히 개혁의 최적 조건을 찾아내야 할 것입니다.

기대할 만한 경제 개혁 조치

경제 영역에서 저는 상당히 중대한 개혁 조치들에 많은 기대를 걸고 있습니다.

첫째로 국유 기업의 개혁(중국 정부는 국유 기업의 체질 개선을 위해, 장기간 손실을 보고 있고 경영 효율이 낮은 이른바 '강시(좀비)' 기업을 퇴출키로 했다. 또한 회생 능력이 없는 일부 국유 기업의 파산을 허용할 방침이다. ― 역자 주)입니다. 국유 기업은 20세기 말 한 차례 정리와 개혁을 통해 이미 상당히 양호한 상태를 맞이했습니다. 전체적으로 보면 이윤도 그다지 떨어지지 않습니다. 문제는 역시 효율성입니다. 아직까지도 국유 기업들은 진정한 의미에서 효율성이 그리 좋아지지 않았습니다. 그리고 이들이 누리는 이윤의 상당 부분은 민영 기업 진출을 금지해서 얻는 반사 이익입니다. 즉, 국유 기업이 벌어들이는 이윤은 결코 국영 기업의 내재적 효율성을 의미하는 것이 아닙니다. 민영 기업의 진출을 금지했기에 발생하는 이윤인 것이죠.

기대해볼 만한 점은 개혁의 중점이 '혼합소유제(국영 기업에 민간 투자를 접목한 방식)' 정착에 있다는 것입니다. 혼합소유제하에서는 국가가 국영 기업 경영에 직접 간여하지 않습니다. 대신 투자회사를 통하는 방식으로 국영 기업과 민영 기업에 투자합니다.

이러한 예는 광치 그룹(廣氣, 광저우자동차)과 지아오(吉奧) 그룹 간의 합작에서 나타났습니다. 광치 그룹(지분 51%)은 국영 기업이고, 지아오 그룹(지분 49%)은 저장성의 민영 기업입니다. 이 둘이 합작해 시장 중심의 새로운 모델을 만들어냈습니다. 국영과 민영의 장점을 모두 발휘하게 만든 것이죠. 국영 기업이 일궈낸 단단한 기초를 더욱 다지면서 운영에는 민영 기업의 유연성을 도입했습니다.

중국 국영 기업은 개혁을 통해 싱가포르 테마섹(Temasek)으로 가는 방식을 추구하고 있습니다. 테마섹의 핵심은 소유와 경영의 분리입니다. 싱가포르 정부가 100% 출자한 테마섹은 싱가포르항공, 싱가포르항구 등 20여 개 기업을 거느린 국영 기업 지주회사입니다. 기업별로 독립된 이사회를 운영해 경영 효율성을 높인 사례로 꼽힙니다.

이제 중국도 테마섹과 비슷한 길을 따르게 될 것입니다. 지금까지 중국은 정부 국유자산감독관리위원회(국자위)가 출자자로서 국영 기업에 대한 자산 관리와 경영 감시 업무를 맡아왔지만, 향후에는 자본 확충과 같은 자산 관리에만 집중할 것입니다. 대신 국유자본투자운영공사를 신설해 국영 기업 인수 합병 등 굵직한 경영 업무를 맡길 수 있습니다. 한국 정부가 전액을 출자해 만든 한국투자공사(KIC)와 비슷한 일을 하는 것입니다. 이는 기업에만 영향을 미치는 것이 아닙니다. 중앙정부와 지방정부가 장기간의 상호 투자를 통해 안정적인 재정 수입도 거둘 수도 있습니다. 이렇게 되면 거시경제 운용에도 중대한 기초가 마련될 것으로 보입니다. 나라 곳간이 두둑해지는 새로운 방식이라는 뜻이죠.

둘째는 금융 시스템의 개혁입니다. 중국 금융 시스템은 지난 수십 년의 개혁을 통해 상업은행(IB)의 고질적 병폐인 '빚이 자산을 초월하는 상황'을 벗어났고, 기술적 파산이 일어나는 어려움 속에서도 꾸준한 발전을 거듭해왔습니다. 그러나 여전히 문제가 있습니다. 상업은행들이 금융 시스템에서 너무나 많은 부분을 차지하고 있다는 사실이 그렇습니다. 상업은행 규모가 너무 크다 보니 많은 이익을 독식해서 다른 금융기관들이 발전할 여지를 주지 않고 있습니다. 또 중소기업에 대한 금융 지원이 제대로 이루어지지 않고 있다는 것도 심각한 문제입니다.

정부가 민영 기업들에도 금융의 문을 열었다는 점은 고무적입니다. 금융 시스템으로 대량의 민간 자본이 흘러 들어오면서 '비온 뒤 대나무가 자라는 것'처럼 자금 공급이 활발히 이루어지고 있습니다. 규모는 작지만 비교적 운영이 자유로운 금융기관들이 중소기업에 더 밀접하게 금융 서비스를 제공할 수 있게 됐습니다. 또 금융 리스크가 대형 은행에 지나치게 집중되는 현상도 어느 정도 완화할 수 있게 되었습니다. 금융기관이 더 전문화되고 중소기업에까지 금융 서비스와 자금을 제공하면 실물 경제에도 큰 보탬이 될 전망입니다.

셋째, 민간 부문의 많은 규제를 철폐하는 것도 과제입니다. 현재 중국의 민간 경제는 풍부한 자금을 갖고 있지만 적당한 투자처를 찾지 못하고 있습니다. 민간 경제의 주체인 개인과 민영 기업은 여기에 많은 관심을 갖고 있습니다. 저는 금융 개혁이 각종 행정 심사 제한을 풀어주는 방향으로 나아가야 한다고 생각합니다. 민간이 스스로 알아서 투자하고 스스로 책임을 지는 구조인 것이죠. 이렇게 되면 민간 경제가 대형 제조업과 공공 서비스 투자에도 나설 수 있습니다. 그간 국유 기업이 독점했던 영역인 석유 채굴이나 천연가스 산업 등에도 들어갈 수 있습니다. 이런 과정을 통해 글로벌 기업으로 성장할 수 있게 될 겁니다.

부동산 민영 기업의 경우 홍콩 자산가인 리카싱(李嘉誠) 회장의 청쿵프라퍼티홀딩스(長江實業地産)의 투자 방식을 본받는다면 실물 경제에서도 큰 활약을 보일 수 있을 겁니다. 그리고 이들의 활약은 장기적으로 중국 경제 발전에 큰 도움이 될 것입니다.

결론적으로 개혁은 과거 10년간 사회 각계가 계속해서 염원해왔던 것인 만큼 시간이 오래 걸리더라도 전면적으로 이루어져야 할 것입니다.

이번 개혁의 성패 여부는 2021년 맞이하게 될 '두 개의 100년' 중 첫 번째 100년 목표 달성 여부와도 깊은 관련이 있습니다. 중국 경제는 앞으로 1~2년간은 고통을 겪을 수도 있습니다. 그러나 그 고통을 이겨내고 철저하게 개혁한다면 연간 8%의 경제 성장률을 다시 달성하는 것도 가능해질 전망입니다.

14장

발전에는 다함이 없으며
개혁에는 한계가 없다.

펑썬

펑썬

彭森

1951년생. 후베이(湖北)성 이창(宜昌) 시에서 태어났으며 소수민족인 토가족(土家族) 출신이다.

펑쎤은 학문적인 기반을 바탕으로 주로 현장에서 정책을 결정해온 실무형 학자다. 베이징대 경제학과를 1982년 졸업하고 1982~1985년에는 랴오닝성(遼寧省)에서 정책연구실 간부를 맡아 실무 현장에서 뛰었다. 그 뒤 1989~1990년 영국 옥스퍼드 대학에서 수학하면서 경제학 학위를 받았다.

1991~1998년에는 국가 경제체제개혁위원회에서 일했고, 1998~2000년에는 국무원 경제체제개혁판공실에서 비서장을 지냈다. 2003~2008년에는 국가발전개혁위원회에서 기율검사조 조장을 역임했다. 현재는 중국의 전국인민대표(전인대) 재정위원회 부주임 겸 중국 경제체제개혁위원회 회장을 맡고 있다. 중국의 전인대는 입법, 사법, 행정권을 갖고 있는 국가 최고 기구이며, 내부에 민족위원회, 법률위원회, 재정위원회 등 분야별 상설위원회가 있다.

펑쎤은 시진핑 주석이 2009년 부주석일 때 중국 대표단 일원으로 한국을 방문하기도 했다. 당시 중국 측에서는 우다웨이(武大偉) 외교부 차관, 천젠(陳健) 상무부 차관 등이 방한했다.

사상 해방과 실사구시

중국의 개혁의 역사는 11차 3중 전회(1978년)에서 시작됐습니다. 사상을 해방시키고 실사구시를 확립한 것도 그때의 일입니다. 중국인들은 종종 '발전에는 다함이 없으며 개혁에는 한계가 없다'고 이야기합니다.

중국인들은 먼저 사상을 해방해야 사상이 멀리 갈 수 있고, 또한 개혁의 길도 멀리 갈 수 있다고 믿습니다. 중국은 개혁 개방을 해온 지난 36년간 몇 차례의 3중 전회를 열었는데, 모두 '사상 해방'이라는 주제를 가장 중요한 주제로 삼았습니다.

2013년 열린 18차 3중 전회는 사상 해방 운동의 본격적인 서막이었습니다. 이론에서 정책까지 많은 전통 관념이 옥죄던 제약을 타파하고, 굳어진 사상의 담장을 뛰어넘는 것이 주요 목표였습니다. 그러나 개혁을 실천하는 동안 사상은 종종 경직되기 마련입니다. 그럴 때마다 개혁과 발전이 더뎌지게 되지요. 저는 중국공산당이 더 명확한 방침과 정책, 개혁을 추진하는 구체적 부서를 갖고 일해야 한다고 생각합니다. 개혁을 목표로 한 중국이 어떻게 사상을 해방할지에 모두의 관심이 쏠리고 있습니다.

사상 해방에서 강조할 내용은 3가지로 요약됩니다.

첫째, 사상 해방을 위해서는 개혁 이론과 실천, 창조적 탐색이 필요합니다. 과거 지도자였던 덩샤오핑이 이런 이야기를 한 적이 있습니다. "개혁에서 실수나 실패는 용서해도 '개혁하지 않는 것'은 용서할 수 없다"라는 말입니다. 즉, 개혁하는 자는 반드시 과감히 생각하고 부딪치고 탐색해야 합니다. 그런 동시에 중앙정부와 지방정부는 개혁하는 자와 창조적 인재를 보호해야 합니다. 개혁하고 창조하며 탐색하는 이에게 오명이나 죄를 덮어씌워서는 안 됩니다.

개혁 이론을 깊이 있게 탐색하고 연구하는 것은 매우 중요합니다. 이론을 깊이 있고, 철저하게, 꿰뚫듯이 연구해야만 사상을 해방할 수 있습니다.

둘째, 사상 해방은 창조 정신의 존중입니다. 우리는 실천과 창조를 존중해야 합니다. 또한 개혁은 단순히 글에 머무는 것이 아니라 전 국민의 실생활에 파고드는 것이어야 합니다.

안즈원(安志文) 전 국가발전개혁위원회(발개위) 부주임 겸 전 중앙고문위원은 현재 95세의 고령임에도 불구하고 개혁에 관한 사고가 매우 명료합니다. 그는 "개혁은 반드시 실질적인 곳으로 들어가야 하며 실생활과 긴밀하게 연결되어야 한다"고 강조했습니다. 그는 "일반 국민이야말로 개혁의 직접적인 실천자로, 실사구시를 가장 잘할 수 있는 집단"이라고 밝혔습니다.

셋째, 사상 해방을 하기 위해 가장 중요한 것은 메커니즘을 바꾸는 일입니다.

진정한 위기와 도전을 슬기롭게 헤쳐나가려면 생각하는 방식을 바꿔야 합니다. 아주 작은 것부터 말이죠. 예를 들면 과거에는 발개위에서 중요한 투자 항목을 정하고 이를 심사하는 권한을 쥐고 있었습니다. 지방정부는 작은 전열기 하나를 설치하더라도 에너지국에 가서 발개위의 심의를 받아야만 했습니다. 굳이 발개위까지 가서 승인받아야 하는 데는 여러 이유가 있었지만, 결국 "상급 부문의 심사를 거치지 않고서는 담당자가 결코 마음을 놓을 수 없기 때문"이라는 이유가 컸습니다. 시시콜콜한 것까지 전부 정부의 승인을 받았던 것이죠.

지금은 상황이 어떻게 바뀌었을까요? 지금은 전열기뿐만 아니라 더 큰 프로젝트, 예를 들면 화력발전소의 원료로 무엇을 사용할지까지도 승인받을 필요가 없습니다. 진정한 위기와 문제를 해결하는 가장 좋은 방법은 기존 사상에서 해방되어 실사구시의 정신으로 임하는 것입니다.

중국이 더 이상 GDP 수치를 가지고 왈가왈부하지 않기로 했음에도 지방정부는 여전히 GDP 수치를 성과 지표의 전부로 여기는 경향이 있습니다. 지방정부 간의 경쟁이 심화되고 경제 상황이 나

빠지면 지방정부의 보호주의와 국수주의가 더 기승을 부리기 마련입니다. 지방정부가 투자 유치에 너무 간섭하면 자유로워야 할 경제활동이 제약받게 됩니다.

과거에는 경제 성장을 맹목적으로 추구하고 GDP를 증가시키기 위해 지방정부가 대규모 투자 유치에 목숨을 걸었습니다. 이런 현상은 정부와 시장의 관계를 변질시켰고, 시장의 공정한 경쟁에서 오는 활력을 죽여버렸습니다. 시진핑 정부가 들어선 18차 3중전회 이래로 이 문제는 조금씩 개선되고 있습니다. 낙후된 서부 지역, 오래전부터 가난했던 지역, 소수민족 지역 등에서 더 이상 GDP를 성과지표로 삼지 않겠다고 밝혔기 때문이죠. 이는 좋은 징조입니다.

중국 경제의 큰 밑그림인 13차 5개년 계획(2016~2020년)에는 시장화와 개혁의 총체적 방향이 담겨 있기 때문에 GDP와 관련된 문제도 큰 폭으로 조정될 것입니다. 예를 들어 정부는 중기 발전 목표만을 세우고 성(省) 1급 지역의 GDP 통계는 발표하지 않는 식으로 말이죠. 중국에서는 지역마다 나오는 GDP 통계와 관련해 웃지 못할 일이 벌어지곤 했습니다.

매년 중국 전체 GDP가 각 지역의 GDP의 합보다 적었던 겁니다. 각 지역이 경쟁적으로 GDP를 부풀려서 발표했기 때문입니다. 실제로 중국 전역의 GDP와 각 성의 GDP 통계를 비교해보면 매년 3~4조 위안(500~670조 원) 정도의 차이가 발생합니다. 즉, 각 성의 GDP를 합치면 중국 전체 GDP를 넘어버리는 기현상이 매년 발생했던 겁니다.

이제는 매년 각 지역에서 나오는 수치를 통일된 기관에서 발표해야 한다고 생각합니다. 이런 조정안에 대해 일부는 이해하지 못하겠다는 반응을 보였습니다. "GDP조차 지표로 만들지 않는다면 지방정부는 도대체 뭘 한단 말입니까?" 하고 되묻곤 합니다. 그러나 과거와는 달리 이제는 중국이 삼두마차(투자, 소비, 순(純)수출)로는 성장의 한계에 이르렀다는 현실을 직시해야 합니다.

삼두마차만 가지고는 국가 전체 GDP를 늘릴 여력도 많지 않습니다. 예를 들어 중국 전체 경제 성장률이 7.5%라고 합시다. 이는 17.5%의 투자와 14.5%의 소비, 7.5%의 대외무역 성장률이 모여 비로소 완성됩니다. 그런데 현실을 볼까요? 2015년 현재 투자 증가율은 16% 이하입니다. 소비 증가율은 12%에 불과합니다. 심지어 2014년에는 무역이 3% 성장에 그쳤습니다. 그러니 근본적인 개혁에 힘을 쏟는 것이 단순 수치를 늘리는 것보다 훨씬 의미 있는 작업이 될 겁니다.

개혁과 발전의 균형을 유지하라

개혁과 발전, 안정이라는 세 가지 요소를 균형 있게 유지하는 것은 우리가 추구해온 아주 오래된 과제입니다. 개혁을 촉진하려면 현존하는 제도와 정책, 법률을 바꿔야 합니다. 여기에는 반드시

기득권을 무너뜨려야 한다는 전제가 들어갑니다. 대부분의 경우 기득권을 보호하는 상황이 벌어지지만 개혁에서는 기득권을 무너뜨리는 것이 필수입니다.

불행인지 다행인지 모르지만, 사람은 위기와 도전에 직면했을 때 비로소 개혁을 추진하려는 마음을 갖게 됩니다. 지금이 바로 그런 때입니다.

18차 3중 전회 이래로 시진핑 정부는 산적한 문제 해결을 강조하며 개혁을 추진하려고 애써왔습니다. 그런데 실제로 보면 개혁은 '신창타이(뉴 노멀)' 상황에서 본격적으로 시작된 것입니다. 중국 경제가 뉴 노멀 국면에 들어가게 된 원인은 무엇일까요? 표면적으로는 세계적으로 수요가 줄고 중국의 내수 진작도 어려워졌기 때문일 겁니다. 그러나 이는 어디까지나 표면적 현상입니다.

더 근본적인 이유는 중국이 구조조정의 진통기에 접어들었다는 것입니다. 외부 위기와 내부 도전으로 인해 자연스럽게 개혁의 요구가 커졌다는 겁니다.

중국은 혁신을 통해 성장하는 새로운 시장 모델을 가져야 합니다. 중국 경제가 건강하고 온건하게 성장하기 위해서는 신(新)산업과 개혁에 희망을 걸어야 합니다. 다시 한 번 강조하지만 희망은 시장에 있습니다. 이를 위해 정부와 시장은 어떤 관계를 맺어야 할까요?

정부와 시장의 관계를 분명하게 정립하라

18차 3중 전회에서는 '시장이 자원 배분에 결정적인 역할을 해야 한다'고 명확하게 강조하고 있습니다. 단순한 표현이지만 역사적 돌파구를 마련한 것과 같습니다.

과거 중국은 정부가 주도하는 시장 기제가 작용했습니다. 그러나 시진핑 정부가 들어서면서 실질적으로 정부가 먼저 '자아 혁신'을 실행하려고 하고 있습니다. 기특한 생각이고 고무적인 일입니다. 저는 실질적인 효과도 어느 정도 거두고 있다고 생각합니다. 2013년 3월 시진핑 정부가 들어선 이래 행정 허가 항목이 줄기 시작했거든요. 과거 행정 허가에는 무려 1,700여 개의 항목이 있었습니다. 여기서 600여 개를 줄였고, 리커창 총리가 200여 개를 더 줄이겠다고 발표했습니다. 이렇게 되면 행정 허가 항목은 1,000개 이하로 줄어들게 됩니다.

물론 행정 제도를 개혁하는 과정에서 다른 문제가 생길 수도 있습니다. 부문화와 파편화 경향이 그것입니다. 정부 각 부문이 개혁 과정에서 작은 부문의 희생을 강요한다는 이야기입니다. 산더미 같은 일을 떠맡은 주관 부문이 격무에 시달리게 되면 상당히 많은 업무가 하급 부서로 떠밀려 내려가게 될 수도 있습니다.

정부는 우선 자신의 역할과 업무를 명확하게 정의해야 할 필요가 있습니다. 동시에 정부 스스로의 개혁에서 시작해서 시장 개혁에 나서야 합니다. 그리고 질서가 있는 시장 경쟁 체제를 만드는

혁신 차이나

데 주안점을 둬야 합니다.

예를 들면 독점 체제 개혁, 혼합소유제, 에너지 시장과 금융시장의 개혁 등이 있을 수 있습니다. 여기서 시장 참여자들은 통일된 제도하에 시장 진입을 할 수 있어야 합니다. 상하이 자유무역지구에서처럼 일종의 네거티브 리스트(제한 목록 방식. '이건 안 된다'는 항목 외에는 전부 할 수 있게 해주는 것 -역자 주) 제도를 운영하는 것도 방법입니다. 저는 네거티브 리스트 제도를 하루빨리 중국 전역에 퍼트려야 한다고 주장합니다. 기업은 법에 의거해 평등하게, 네거티브 리스트에서 금지하는 영역 외에 모든 것을 자유롭게 시작할 수 있어야 합니다. 법이 기업의 발목을 잡아서는 안 되고, 법이 기업 활동을 일일이 금지하는 일은 없어야 합니다.

다양한 형식으로 벌어지는 자원 독점을 막아라

경쟁이 치열한 분야는 개방해야 합니다. 자원을 독점하는 분야도 개방해야 합니다. 민영 기업의 진입을 막고 있는 영역을 거의 다 개방해야 합니다. 원유 부문이 대표적입니다. 석유 수입 개방을 통해 "공평하게 생산 요소를 사용하는 데 초점을 맞추고 공개적으로 공정하게 경쟁에 참여할 수 있도록 해야 한다"는 정부의 말이 실제로도 지켜져야 합니다. 기업은 동등한 입장에서 법률 보호를 받을 수 있어야 합니다. 이런 일이 제대로 이루어질 경우 민영 기업의 활동이 더욱 활발해지겠죠. 이것이 바로 중국 경제에 활력을 불어넣는 일입니다.

중국 전역에 통일된 시장 체제와 공평한 경쟁을 위한 조건을 마련해야 합니다. 이를 방해하는 요소는 모두 제거하는 것이 맞겠죠. 지방정부의 보신주의와 보호주의도 공정 경쟁을 방해하는 요소입니다. 일부 지방정부에만 혜택을 주는 세금 제도와 정책도 마찬가지입니다. 전력, 석유, 천연가스, 의약 분야에서도 철저한 개혁이 필요합니다. 제품 가격처럼 경쟁과 밀접하게 관련된 영역에서 정부 간섭은 적을수록 좋습니다. 풀어줄 수 있는 만큼 풀어주는 것이 좋습니다. 그것이 시장 활력과 기업 경쟁력을 높이는 길입니다.

부당하고 공정치 못한 경쟁과 독점을 법적으로 바로잡는 일도 필요합니다. 예산과 자금에 보조금을 얹어주던 관행을 전부 없애고, 아주 미세한 경제활동까지 일일이 과도하게 간섭하는 일도 이제는 그만둬야 합니다.

이렇게 정리가 이루어진 뒤에는 개방과 경쟁을 통해 기업가 정신을 고취하고 생산 요소가 평등하고 자유롭게 이동할 수 있게 도와야 합니다. 혁신을 장려하고 지적재산권 보호도 강화해야 합니다.

경쟁을 도입한다는 진짜 의미는 따로 있습니다. 과거에는 정책이 '승자를 선발하는' 방식에 머물렀다면, 이제는 경쟁을 통해 함께 성장하고 과실을 누리는 '호혜적 방식'을 도입한다는 뜻입니다. '너 죽고 나 살자'가 아니라 서로 의미 있는 경쟁을 통해서 같이 살아보자는 뜻입니다. 일련의 개혁을 강화하고 개선하는 것만이 중국 경제가 구조조정의 진통기를 넘어서 새로운 활력을 분출할 수 있는 길입니다.

개혁과 법치의 관계를 정립하라

시진핑 주석은 개혁 중에서도 법치 사상을 가장 강조했습니다. 개혁이 법에 따라 이루어져야 한다는 것을 중시한 것입니다. 시진핑 주석은 '개혁과 법치가 긴밀하게 연결되어야 한다'고 보았습니다. 그런데 재미있게도 개혁과 법치는 얼핏 봐서는 모순된다는 느낌을 줍니다. 법치의 특징은 안정성에 있거든요. 법은 기존에 있는 것을 '지킨다'는 느낌이 강합니다. 반대로 개혁은 돌파구를 마련하는 것입니다. 즉, 개혁은 기존의 것을 '부순다'는 느낌이 강합니다.

이처럼 모순되는 듯 보이는 개혁과 법치는 실제로 모순되지 않습니다. 중국 내에서는 과거의 좋은 경험을 탐색하고, 이를 혁신하고 규범을 찾은 뒤, 마지막으로 입법을 통해 법으로 만드는 경향이 강했습니다. 즉, 법치와 입법은 '개혁'의 성과를 보장하기 위해 하나의 규범을 만드는 활동입니다.

시진핑 주석이 '의법치국(법에 의거해 나라를 다스린다)'을 하자고 말한 것은 표면적으로는 개혁에 일종의 제약을 선언하는 것처럼 들리지만 실제로는 그렇지 않습니다. 오히려 개혁에 합당한 공간을 열어준다는 의미입니다. 다시 말하지만 입법과 법치는 개혁을 추동하는 중요한 요소입니다.

실제 서구 국가도 이 같은 개혁 과정을 거쳤습니다. 서양의 개혁 역시 토론과 논의를 통해 민의를 광범위하게 반영하고 이를 법례화하는 과정을 거쳤습니다. 입법자들은 민의를 대변하는 것이 아니라면 말할 권리조차 가질 수 없었습니다. 단적으로 보면, 최후까지 살아남아서 법률과 법안으로 제정된 개혁만이 성공한 개혁이라고 말할 수 있습니다. 그래서 4중 전회, 즉 중앙위원회 4차 전체 회의에서 의법치국을 추진하는 것에 대한 논의가 이루어진 것입니다.

여기서의 법치는 법률에 따라 나라를 다스리는 기본 방식을 의미합니다. 시진핑 주석도 "법치가 개혁을 심화하는 기본 방식이된다"고 명확하게 결론을 내린 바 있습니다.

개혁과 법치는 다음 몇 가지 사항을 고려해야 합니다.

첫째, 개혁 정책과 입법 결정은 서로 통해야 합니다. 개혁을 제대로 하려면 먼저 입법을 한 뒤 밀어붙여야 합니다. 그러므로 입법 기관의 역량을 강화하는 일이 중요합니다.

둘째, 시장경제에 내재한 요구에 따르되, 입법 과정에서 "버릴 것은 버리고 세울 것은 세우는" 과정이 필요합니다. 현존하는 법률 규범과 정책 등 각종 규정도 예외가 아닙니다. 고치는 과정에서 버려야 할 것은 과감히 버려야 합니다. 그래야만 진정한 의미에서 '의법치국'이 가능하고 좋은 법치와 개혁이 가능합니다.

셋째, 개혁과 법치에는 반드시 '근거'가 있어야 합니다. 개혁을 할 때 입법 기관이 법률적 근거를 제공할 수 있겠죠.

이렇게 입법과 개혁은 표면적으로는 모순되는 듯해도 실제적으로는 한 몸입니다. 저는 향후 중국의 개혁과 발전은 더 많은 법률 형식을 통해 진행될 것이라고 생각합니다.

15장

중국이 추구하는 개혁과 경제 성장은
결코 모순되지 않다.

관칭유

관칭유

管清友

중국 민생(民生)증권 리서치센터 집행원장을 맡고 있다. 중국사회과학원 경제학 박사 학위를 취득했고, 칭화 대학교 박사 후 과정을 밟았다. 현재 중국경제체제개혁연구회 고급 연구원을 지내고 있으며, 중국 관영 매체인 신경보(新京報)가 선정한 '2013년 10대 청년 경제학자' 중 한 명이다. '중국청년 금융학자상'을 수상하기도 했다. 그는 경제학자이자 에너지 연구자이며, 중국사회과학원 박사, 칭화대 박사 후 연구 과정에서 칭화대 국정연구센터의 에너지와 기후 변화 프로젝트 주임을 맡기도 했다.

관칭유는 거시 경제와 에너지 경제를 주로 연구하고 있으며 국제 정치경제학, 화폐사(史) 방면에도 관심을 갖고 있다. 중국 해양석유공사정책연구실(에너지경제연구소) 연구원, 칭화 대학 국정연구센터 겸임 연구원, 중국 경제체제개혁연구회 공공정책연구부의 수석 연구원 등으로 활동하고 있다. 그는 '리커창 경제', '시진핑 경제' 등 시진핑 주석 시기에 들어서 유행하기 시작한 시진핑-리커창 경제라는 단어를 가장 먼저 쓴 학자 중 하나다. 영국 〈파이낸셜 타임스〉, 미국 〈월스트리트 저널〉, 〈뉴욕타임스〉 등 유력 매체의 칼럼니스트이기도 하다. 중국 국내외 학술지에 논문을 수차례 발표했고, 저서로는 《석유의 논리-국제 유가 파동 메커니즘과 중국 에너지 안전》, 《중국: 세계 기후 변화 대처》 등이 있다.

저는 중국이 개혁을 하면서도 안정된 성장을 할 수 있다고 보는 입장입니다. 중국이 추구해야 할 개혁과 경제 성장은 결코 모순되지 않습니다. 경제를 바닥부터 안정시키는 동시에 개혁을 추진할 수 있다면 안정적인 경제 성장의 길을 갈 수 있습니다.

재정, 통화, 신용 확대 정책

2013년 이후 중국의 경제 성장률은 둔화되어왔습니다. 이 같은 상황에서 2013년 출범한 시진핑 정부는 거시적 경제 운용에 대해 중대한 변화를 선포했습니다. 우선 정책적으로 부채 위험과 과잉 공급을 줄이기로 했습니다. GDP 성장률을 중시하는 오래된 사고 방식도 버리기로 했습니다. 그렇다고 해서 사실 GDP 성장률을 완전히 방치할 수는 없는 입장이지요.

경제 성장률이 더 낮아지고 취업자 수의 마지노선을 지키지 못하면 사회와 정치는 큰 혼란에 빠질 것입니다. 정치적 균형도 잃게 될 겁니다.

과거 중국이 추구했던, 대규모 투자에 의존하고 통화 확대를 주로 하는 '조방형' 거시 경제는 점차 역사의 무대에서 사라질 겁니다. 대신 목표가 분명한 투자 활동과 통화 안정을 꾀하는 정책이 개혁의 목표가 되어가고 있습니다.

시진핑 정부가 새롭게 생각하는 것을 보면 2013년과 2014년 경제 성장률 둔화에도 왜 정부가 경제를 자극하지 않았는지를 알 수 있습니다. (중국의 연평균 GDP 성장률은 2011년 9.3%, 2012년 7.7%, 2013년 7.7%를 거쳐 2014년에는 7.4%를 기록했다. -역자 주)

2014년 6월 5일, 신화통신은 연속으로 3편의 글을 내놓았습니다. 경제 성장의 '약한 자극'과 관련된 내용이었습니다. 리커창 총리는 2014년 6월에 중난하이에서 경제공작좌담회를 갖고 "2014년 상반기에는 그다지 경제 성과가 나쁘지 않았으나 하반기에는 더 전진해 좋은 성과를 내자"고 강조했습니다. 6월 16일에는 다시 한 번 중국의 경제 발전과 주요한 목표에 관한 임무를 확실히 하자고 강조하는 문건이 나왔습니다.

중국의 2014년 하반기 주요 거시 경제 목표는 '재정 확대, 통화 확대, 신용 확대' 세 가지였습니다.

첫째, 재정 확대(寬財政)는 시진핑 정부가 추구하는 '8항 규정'의 영향을 받아 예비 재정 지출 여력이 한층 늘어났기 때문에 가능했습니다. 8항 규정은 공금 횡령 금지, 3개 공무 경비(접대비, 공무 차량 유지비, 해외여행 경비) 절약, 실적 과대 포장 금지, 회의 간소화 등을 골자로 합니다. 이 규정은 4대 악풍(형식주의, 관료주의, 향락주의, 사치 풍조) 척결과 함께 시진핑 주석이 공직자 기본 윤리로 강조한 사안입니다. 즉, 비자금 조성 금지, 반부패 등으로 재정이 절약되었다는 뜻입니다. 접대비와 해외여행 경비 등으로 지출되던 돈을 아끼게 되면서 필요한 투자에 쓸 돈이 더 많아졌다는 얘기입니다. 고속철 투자 확대가 좋은 예지요. 2014년 상반기 중국은 철도에 8,000억 위안(130조 원)을 투자했는데, 이는 전년 동기 대비 20.1% 늘어난 수치입니다. 재정 확대 기조를 유지하면서도 과거의 도로 정비 등 단순 인프라 투자보다는 의료와 사회 안전망에 더 많이 투자했다는 사실도 달라진 점입니다.

둘째, 통화 확대(寬貨幣)는 중앙은행의 주요 정책입니다. 처음에는 목표를 정해놓고 일정 수준에서 통화를 확대하다가 나중에는 전면적 통화 확대로 이어지게 한다는 것입니다. 이 정책에는 시장 공개 조작도 포함되어 있습니다.

정부는 2015년 들어 주가가 곤두박질치자 역환매조건부채권(역RP)의 만기를 연장하고 신규 발행해 시중 유동성 공급에 적극 나서기도 했습니다. (이렇게 되면 위안화 환율의 변동 폭도 커질 수 있다. 중국 정부는 외환시장 개혁과 환율 유연성 확대를 주요 목표로 내걸고 있으며, 일일 환율 변동 허용 폭이 현재 2%에서 3~5%로 확대될 수도 있다. -역자 주)

중국 정부가 삼농(三農: 농업, 농촌, 농민)과 중소기업, 판자촌 지역

민 등 생활이 어려운 이들을 위해서 금리를 인하할 가능성도 있습니다. (실제로 중국 정부는 2015년 들어 경기 부양을 위해 기준금리를 수차례 인하했지만 중소기업은 여전히 자금난에 허덕이는 실상이다. 경기 둔화와 부실 대출 증가를 우려한 은행권이 중소기업 대출을 줄이고 있기 때문이다. - 역자 주)

셋째, 신용 확대(寬信用)는 은행감독협회(은감회)를 통해 이루어지며 중앙은행의 신용 대출 규모 확대로 이어질 것입니다. 하지만 주의할 점은 신용 확대가 지나치게 늘어날 경우 중국 경제가 받아들이지 못할 정도의 부담으로 작용할 수도 있다는 점입니다.

이를 해결하기 위해 중앙은행은 일부 은행들에 '예금 금리를 올리지 말라'고 창구 지도를 하고 있습니다. (창구 지도는 은행들에 예금 금리 결정권을 더 많이 허용하겠다는 인민은행 발표에는 사실상 역행한 조치다. 장기적으로는 구조 개혁을 한다고 하면서도 낮은 금리를 통해 단기적으로 경제 성장 둔화를 막아보려는 중국 당국의 '미묘한 균형'을 보여주는 사례다. - 역자 주)

위험을 관리하라

과거 10년 동안 중국 경제는 부채 확대에 지나치게 의존하며 성장해왔습니다. 이 때문에 총 레버리지 비율과 GDP 대비 부채 비율이 급격히 높아졌습니다. 레버리지 비율이란 기업이 타인 자본에 의존하는 정도와 타인 자본이 기업에 미치는 영향을 측정하는 비율을 통칭하는 용어입니다. 유동성 비율은 단기 채권자의 재무 위험을 측정하는 반면, 레버리지 비율은 장기 채권자의 재무 위험을 측정하는 경우가 일반적입니다.

이러한 성장 모델은 2008년 금융위기가 시작되면서 끝나기는커녕, 2009년에 원자바오(溫家寶) 총리가 4조 위안(670조 원)을 시장에 풀면서 더욱 심화됐습니다. 두 자릿수 경제 성장률을 만들기 위해 쏟아부은 액수입니다. 여기에 더해 기업 대출의 80% 이상을 차지하는 국영 상업은행 5개가 '묻지 마 대출'을 9조 5,000억 위안 풀면서, 중국은 총 13조 5,000억 위안을 경기 부양에 썼습니다.

그러나 2008년 금융위기로 수출이 위축되었고 이로 인해 경제 성장 속도가 둔화됐습니다. 중국은 경제의 하방 압력을 견디기 위한 방식으로 지방정부와 국유 기업의 부채를 늘렸습니다. 하지만 부채를 제어하는 기제가 건전하지 못했기 때문에 아무 효과도 거두지 못했습니다. 소위 말하는 '강시(좀비) 투자 프로젝트'는 결국 현금 유입을 창출할 수 없는 지경에 이르렀고, 새로운 부채를 일으켜서 옛 부채를 갚는 식으로 부담만 커져갔습니다.

부채 부담이 계속 쌓이면서 지방정부와 국유 기업의 융자 수요는 더욱 늘어났습니다. 돈을 빌려 다시 빌린 돈을 갚는 현상이 반복되었고, 은행은 비정상적인 방식을 통해 지방정부와 국유 기업에 자금을 대주고 감독 기관의 눈을 피해 가는 일을 저질렀습니다. 빚은 더 확대됐습니다.

이제 중국 경제가 전환점을 맞이하는 시점에서 개혁을 이루는 핵심은 무엇일까요? 뉴 노멀 시대 경제에서는 어찌 되었건 과거 경제가 진 부채를 소화해야 합니다. 현재 지방정부와 국유 기업은 '동쪽 벽을 허물어서 서쪽 벽을 메우는(아랫돌 빼서 윗돌 괴는)' 방식을 택하고 있습니다. 이렇게 되면 은행은 아무 효과도 없는 부문에 수혈하는 격입니다. 과거의 방식을 타파해야 합니다. 지방정부와 국유 기업이 계약을 어기면서 형성했던 모든 신용 시스템상의 가격을 다시 계산해야 합니다. 이를 통해 불량 자산을 솎아내서 처리하고, 금융 기구가 뉴 노멀 경제의 활력을 불어넣을 수 있게 유도해야 합니다.

중국은 90년대 말부터 경제 개혁을 조금씩 추진해왔습니다. 중앙은행인 인민은행이 칼을 뽑았습니다. 효율성이 떨어지는 국유 기업을 없애고 은행의 부실 자산도 처리했습니다. 이를 통해 경제 번영을 위한 견실한 기초가 만들어졌습니다. 그러나 10여 년 전과 비교해보면 현재 상황은 훨씬 복잡하고 다양해졌고, 과잉 생산의 규모가 과거와는 판이하게 다를 정도로 커졌습니다. 빚도 사회와 정치를 위험하게 할 정도로 심각한 상황이 됐습니다. 시진핑 정부가 추구하는 개혁은 가급적이면 경제를 안정적으로 유지하면서 일자리를 보존하는 방식으로 나아갈 것입니다.

화폐 정책 측면에서 인민은행은 단기간에 돈을 풀고 장기간에 걸쳐 회수하는 방식을 택하고 있습니다. 이를 통해 지방정부에 융자할 수 있는 플랫폼을 만들고 있습니다. 더불어 인민은행은 위안화의 평가절하를 꾀하고 있습니다. 이는 매매 차익을 노리고 흘러드는 자금, 이른바 핫머니의 유입을 막기 위한 조치이기도 합니다. 또한 화폐 정책의 주도권을 중국 중앙은행이 쥐기 위한 것이기도 합니다.

제도적 관점에서도 개혁이 이루어지고 있는데요. 무엇보다 반부패 기조가 확대되고 있고, 지방정부 관료들도 "관직이라는 게 이거 하나만 믿고 먹고살 수 있는 철밥통이 아니다"라는 것을 최근 3년 사이에 많이 깨닫고 있습니다. 지방정부가 주도했던 '묻지마 투자'도 줄어드는 추세입니다. 반부패 운동을 벌인 결과 지방정부의 부채 증가 속도가 떨어졌습니다. 굳이 빚을 져가면서 투자할 유인이 사라진 것입니다. 2014년 6월 24일 심계서(국무원 소속 회계감사기구이며 정부 기관과 국영 기업의 재무 감사를 실시한다. -역자 주)에서 발표한 '국무원의 2013년도 중앙 예산 집행과 기타 재정 수지에 관한 회계 공작 보고서'를 보면, 2013년 6월부터 2014년 3월까지 지방정부 부채 잔액의 연간 증가 속도는 5.05%였고, 이는 2013년 6월 말 전의 27%에 비하면 현저하게 낮은 수치입니다. 그러나 완전히 낙관하기는 이릅니다. 지방정부 주도하에 이루어지는 투자 방식과 모델에 큰 변화가 없다면 지방정부와 국유 기업 부채는 계속해서 늘어날 것이고, 경제 구조도 균형을 잃게 될 것이기 때문입니다.

16장

아시아 국가의 성공 경험에서 배워라.

화성

華生 화성

1953년생. 옌징화교(燕京華僑) 대학 총장이다. 옌징화교 대학은 베이징 시 인민정부의 허가를 받아 세워진 학교로, 중국 국내외 화교들의 후원으로 설립되었다. 화성은 경제학자이자 중국화교연합상회 부회장을 역임하기도 했다.

그는 난징(南京)에서 태어났다. 15세~25세 동안 줄곧 지방에 있는 공장에서 일하며, 중국 사회와 농촌의 발전 문제에 대해 깊이 고민했다. 그는 둥난(東南) 대학교 경제관리학원 명예원장, 둥난대와 우한(武漢)대 교수를 지냈다.

화성은 중국 경제 개혁의 3가지 중요한 변화인 가격 쌍궤제(이중 가격제, 동일한 제품에 대해 계획범위 내에서는 국가고시 가격, 계획범위 밖에서는 시장가격 적용), 국가 자본 체제, 주식시장 개혁에 관여한 중요 인물 중 하나다. 원래 가격 쌍궤제는 집단농장에서 생산된 곡물의 일부를 시장에 내놓게 한 정책에서 비롯되었다. 경영 능력이 떨어지는 기업에는 정부가 필요한 방어막을 제공하고, 비교우위가 있는 산업은 개방하는 계기가 되었다. 쌍궤제는 덩샤오핑이 남순강화(南方談話)를 하면서 사회주의 시장경제 체제를 확립한 뒤 점진적으로 시장가격을 도입하면서 사라졌다.

그는 1986년 '국가급 특별공헌 전문가'로 선정되었고, 2011년 중국경제이론 혁신상을 수상했다. 저서로는 《중국 개혁: 옳게 한 것과 아직 하지 않은 것》 등이 있다.

저는 동아시아의 기적이 중국에 주는 시사점에 대해 이야기하고자 합니다. 중화 민족의 위대한 부흥이라는 꿈을 실현하기 위해, 중국과 문화적 배경이 비슷하고 경제적인 환경이 어느 정도 유사한 아시아 국가들의 성공 경험을 살펴보는 것은 의미 있는 일입니다.

세계은행이 발간한 '동아시아 부흥(An East Asian Renaissance)' 보고서는 "1950년 이후 인구 100만 명이 넘는 나라 가운데 홍콩·한국·사우디아라비아·싱가포르·대만이 저소득 국가에서 고소득 국가로 탈바꿈했다"고 지적했습니다. 특수한 경우로 산유국인 사우디아라비아를 제외하면 제2차 세계대전 이후 저소득 국가에서 고소득 국가로 진입한 나라는 한국·대만·싱가포르·홍콩이라는 아시아의 네 마리 용이 유일합니다.

세계은행이 2008년 출판한 '성장과 발전위원회' 보고서에 따르면, 전후(戰後) 25년 혹은 더 긴 기간 동안 평균 성장률이 7% 이상이었고 저소득 국가에서 중등 소득 국가로 발돋움한 나라는 13개 국에 불과합니다. 그 가운데 인구 50만 명이 안 되는 지중해의 섬 나라 몰타를 제외하면 사실상 일본·한국·대만·싱가포르·홍콩 등 이 진정한 고소득 경제 주체로 성장했다고 볼 수 있습니다. '전쟁 후의 기적'으로 불리는 동아시아 모델에서 우리는 다음과 같은 공 통된 특징을 발견할 수 있습니다.

첫째, 모두 대외 개방을 시행했습니다. 이 국가들은 모두 국제 경제 시스템이라 할 수 있는 시장경제 체제를 적극 채택했습니다. 그중 싱가포르는 외부에 크게 의존하면서 자원을 취득하는 형태 지요. 홍콩은 세계에서 가장 개방된 자유시장경제체로 불립니다. 이렇게 대외 개방과 시장경제가 있었기에 경제 성장의 필요조건 을 갖추게 된 겁니다.

둘째, 도시 경제권인 싱가포르·홍콩을 제외하면, 일본·한국·대 만은 모두 전후 특수한 조건에서 비교적 철저하게 토지개혁을 시 행했습니다. 결론적으로 말해 토지를 공평하게 분배했다는 것입 니다. 이는 훗날 공업화와 산업화에 성공하는 튼튼한 기초가 됐습 니다. 남미와 아시아 기타 여러 국가에서 토지가 극소수에게 집중 된 채, 철저한 토지개혁을 시행하지 않았던 것과 크게 다른 점입 니다.

셋째, 비록 이들 5개국의 경제 주체가 모두 전형적인 유럽식 민 주 체제 모델은 아니었지만(일본은 전후 중등 소득 국가에서 고소득 국 가로 진입하는 기간 내내 민주라는 겉옷을 입은 자민당 55년 1당 집권 체제였다. 전환기의 한국은 군부가 정부를 통치했다. 대만은 장제스(蔣介石)·장징궈(蔣經國) 부자(父子)의 권위주의 통치가 이루어졌다. 싱가포르 역시 당시 전형적인 민주의 옷을 입은 권위주의 통치가 시행되었다. 홍콩은 1997년 이전까지 영국의 식민통치가 이루어졌다. -역자 주), 모두 효율적인 정부를 갖추고 있었다는 점입니다.

이들 국가의 정부들은 발전 지상주의를 내세워 적극적인 경제 성장을 추진했습니다. 매우 높은 저축률과 투자율을 유지했고, 국가 안보·사회 질서·공공 재정, 금융 정책의 안정성과 같은 필수적인 공공재를 국가가 제공했습니다.

경제 지표의 급격한 상승 혹은 하락도 막아냈습니다. 중등 소득 국가인 중동 국가들이 전란이 끊이지 않은 채 사회 불안에 시달렸고, 남미 국가들이 재정 금융 정책이 불안해 악성 인플레이션이 끊이지 않았던 것과는 선명한 대조를 이룹니다. 한국·대만은 기본적으로 도시화를 완성했습니다. 시민 계층이 사회 주체로 성장했고, 고소득 대열에 진입한 시기를 전후해서 비교적 평화롭게 민주화를 실현했습니다. 이를 통해 지속적인 성장을 위해 사회적으로 갈등하는 정치 구조에서 어느 정도 벗어날 수 있었습니다.

넷째, 일본·한국·대만은 전후 30여 년에 걸쳐 농업사회에서 도시사회로의 전환을 완성했습니다(표). 이들이 시민으로 융합되면서, 역사에서 초기 공업화에 성공했던 국가들이나 현대 남미 및 남아시아 국가에 보편적인 '도시 슬럼화'를 기적적으로 피할 수 있었습니다. 싱가포르와 홍콩이라는 대도시 경제 주체들은 정부가 기본 국민주택을 대규모로 제공하는 방법으로 도시 슬럼화를 막아냈습니다.[1] 이러한 동아시아 경제 주체들은 농촌 인구가 차지하는 비율을 크게 줄여 도시와 농촌의 소득 격차를 줄였고, 도시 슬럼화 역시 막아내면서 국민의 기본 권리를 균등하게 제공하는 데 성공했습니다. 이렇게 도시화와 시민화는 한 국가의 경제와 인적 자원을 끊임없이 업그레이드하기 위한 탄탄한 기초를 제공했습니다.

표) 중국 · 대만 · 일본 · 한국 도시화 과정 중 인구 이전 현황

국가/시기	초기 도시화율	최종 도시화율	도시화율 성장 폭	연평균 성장률	지속 기간
일본(1950~1975)	37.4%	78.6%	41.2%	1.648%	26
한국(1960~1990)	27.7%	82.4%	54.7%	1.823%	31
대만(1960~1990)	40%	75.9%	35.9%	1.20%	31

자료: 일본내각부통계국《國勢調査報告》, 昭和30年(1960), 昭和40年(1965), 昭和55年(1980)《府縣分類人口與人口密度》; 한국경제계획원 통계국; 대만 1960년 자료 대만 펑자(逢甲)대 도시계획과, 류야오화(劉曜華) 2004년《臺灣都市發展史》, 1973년 이후 자료는 행정원 경제건설위원회 주택 및 도시발전처 편집《都市及地域發展統計匯編》.

---

1) 이와 비교해 중국은 1991년 도시화율 27.35%에서 시작해 2012년의 명목 도시화율은 52.7%에 이르렀다. 실제 호적상 인구의 도시화율은 35% 내외에 그친다. 아직 도시화 전기 내지 중기에 속하는 실정이다.

다섯째, 일본·한국·대만과 같이 전형적인 도시와 농촌으로 이루어진 국가들은 저소득 단계에서 중등 소득을 거쳐 고소득으로 전환하는 과정에서, 정책 조절을 통해 빈부 격차를 어느 정도 통제함으로써 상대적으로 낮은 수준으로 유지하는 데 성공했습니다. 천연자원이 거의 없이 고립된 도시국가 싱가포르와 홍콩은 외국의 자본과 자원을 불러들이기 위해 장기간 저(低)세율 정책을 시행했습니다. 국가의 부를 재분배하는 정도는 일본과 한국, 대만보다는 약했습니다. 이로 인해 도시형 국가인 싱가포르와 홍콩은 불평등을 가늠하는 지수인 지니계수(소득 불평등을 나타내는 0~1 사이의 숫자로, 1에 가까워질수록 소득 불평등이 심하다. -역자 주)가 비교적 높습니다. 하지만 남미 국가들처럼 심각한 양극화 수준까지 악화되지는 않았습니다.

이상의 다섯 가지 특징을 모두 종합하면 동아시아 경제가 이룩한 것은 바로 세계은행 '성장과 발전위원회' 보고서 제목인 지속 가능한 발전, 그리고 사회 전 계층을 아우르는 '포용적 발전'임을 확인할 수 있습니다. 한 가지 중요한 사실은, 이 발전이 '지속 가능한' 발전이었기 때문에 선진국과의 차이를 끊임없이 좁히면서 추격할 수 있었다는 점입니다.

포용적 발전은 지속적 성장의 필요조건입니다. 내생 성장 이론(경제 성장이 경제 체제 외부에서 들어온 힘의 결과물이 아니라 내생적 결과물이라고 강조하는 이론 -역자 주)이 설명하는 바와 같이, 성장 과정에서 경제 발전이 총요소의 생산 효율 증가 및 인적 자원과 무형자본에 의존하는 시기에는 한 사람 한 사람의 보편적 소질이 중요합니다. 그렇기 때문에 현재를 살아가는 사회 구성원 절대다수와 미래의 후손들에게 평등한 기회를 주어야 합니다. 일부만 발전하는 것이 아니라 다수를 끌어안는 '포용적' 발전이 필요한 것입니다. 이런 시기에는 자신의 노동력과 지혜만으로 부를 쌓는 것이 가능합니다.

농업사회에서 공업화·정보화된 도시사회로 변화하고 발전하려는 이원(二元) 경제 국가가 있다고 합시다. 이런 나라에서는 먼저 농업 인구를 크게 줄이고 농업을 현대화 농업으로 발전시키는 동시에, 농촌에서 도시로 이전한 인구에게는 일자리와 주택을 제공하는 방식으로 도시에 편입시키려 합니다. 그렇게 해야만 이들이 평등하게 시민으로서의 권리를 누리도록 보장할 수 있기 때문입니다. 하지만 이러한 전환은 개발도상국이 가장 실천하기 어려운 부분이기도 합니다. 현재 중국이 그러한 길목에 있지요.

그렇다면 동아시아의 다섯 경제 주체, 특히 농업사회에서 탈피한 일본·한국·대만이 성공할 수 있었던 비결은 뭘까요? 이들 국가가 주목했던 것은 무엇이고, 변신에 성공할 수 있게 만든 중요한 연결 고리는 무엇이었을까요?

성공한 동아시아 국가들이 공통적으로 경험한 첫째 조항, 즉 대외 개방과 시장경제 체제의 실행은 중국도 개혁 개방 이래 실천해 왔습니다. 중국에서 30여 년간 벌어진 거대한 변화의 원동력이 바로 이것입니다. 하지만 세계은행 보고서의 결론과 같이 신고전 경제 이론(모든 집단에 속한 구성원들이 그들의 집단을 위하여 일할 때 그 집단은 최대의 이익을 가진다는 것을 가정. 모든 기업은 비용은 최소화하고 이윤은 극대화하려고 한다는 것)적 성장이 필요하다는 주장만으로는 선진국을 추월하기에 역부족입니다. 제2차 세계대전 이후 시장경제를 받아들여 세계 경제 틀 속에 합류한 개발도상국은 매우 많지만 막상 현대화에 성공한 사례는 드문 편이죠. 비용은 최소화하고 이윤은 극대화한다는 것만으로는 부족합니다.

성공한 동아시아 국가들이 경험한 두 번째 조항도 중국이 대표적으로 성공한 영역입니다. 중국이 1950년대 초에 시행한 토지개혁은 비록 과격했지만 토지를 철저하고 균등하게 나누는 개혁이었다는 데에는 이견이 없습니다. 이후 시행착오를 거친 뒤 1980년대 초에 진행한 가정토지 도급제는 가장 공평한 토지 균분(均分) 운동이었습니다. 가정토지 도급제는 농산품 공급이 풍부해지고 농민이 점차 토지에서 해방될 수 있는 기초 역할을 했습니다.

세 번째 특징은 '효율적이고 할 일은 하는 정부'입니다. 이들 국가의 정부는 발전 지상주의를 지침으로 삼아 경제 성장을 적극 추진하면서 비교적 높은 수준의 투자를 유치했습니다. 다른 한편으로는 경제 발전에 반드시 필요한 공공재인 국가 안보·사회 질서·공공 재정·금융 정책의 안정성을 제공하면서 경제의 큰 기복과 부침을 막아냈습니다. 이것도 중국의 강점이자 과거에 성공할 수 있었던 이유였습니다. 이후 중국에 필요한 것은 도시를 발전시키는 것, 시민의 성숙한 의식 수준에 맞춰 국가를 큰 흐름 속에 적응시키는 것, 법치화와 민주화를 이끌어내는 것입니다.

　동아시아 국가들이 경험한 넷째 항목은 사실 아직까지 중국이 갖추지 못한 부분입니다. 중국에서 계획경제 시대를 답습한 호적(후커우) 제도는 여전히 폐지되지 않은 채 근본적 개혁이 진행되지 않았습니다. 중국의 도시화는 농민을 도시로 불러들이면서 고향에서 분리했을 뿐, 토지에서 분리하지 않았습니다. 농민이 도시로 올라와 열심히 일해도 여전히 농민 신분으로 남습니다. 고향에 토지를 소유한 농민은 그냥 농민일 뿐이고 도시 후커우를 받을 수 없습니다. 베이징과 상하이의 후커우가 농민에게는 개방되지 않은 것이지요. 그랬기 때문에 청년 시절에 도시로 가서 일했던 농민이 나이가 들면 고향으로 돌아와 농사짓게 하는 효과를 가져왔습니다. 과거에는 이런 저비용 공업화와 도시화가 경제 성장을 이끌었습니다. 농민공(農民工)이라는 값싼 노동력이 도시로 흘러 들어와 부족한 일손을 메웠기 때문입니다. 이것이 저비용이라는 강점으로 작용해 중국이 세계의 공장이 되는 데 일조했습니다. 지금까지도 많은 사람이 이러한 방식에 연연하고 있지요.

　하지만 지금 신세대 농민공들은 갈수록 고향으로 돌아갈 생각을 하지 않습니다. 아예 도시 시민으로 남기를 바라지요. 그러나 도시에서 자리를 잡지 못한 채 떠돌이 신세로 전락하는 경우가 더 많습니다. 이러한 농민공의 이중적인 생존 방식은 노동력 측면에서는 거대한 낭비입니다. 농민공과 그다음 세대의 자질을 향상시킬 수 없는 이유가 되기도 합니다. 동시에 농촌에서는 규모의 경제를 갖춘 발전이 불가능하고 농업 현대화에도 좋지 않은 영향을 끼치고 있습니다.

고향 밖으로 나가 일하는 농민들의 유민(流民)화는 갈수록 커다란 사회문제를 만들고 있습니다. 농민공이 된 부모들은 자녀들을 고향에 그냥 버려놓고 갑니다. 이런 자녀들이 범죄에 노출되고 방치되면서 또 다른 사회문제가 되고 있습니다. 후커우 제도의 빠른 개혁 추진이 필요한 시점입니다. 농민공들의 도시화와 시민화를 실현하는 것은 중국의 미래에 가장 긴박한 도전 과제입니다.

다섯째 항목도 중국의 아킬레스건입니다. 중국은 불과 20여 년 만에, 세계에서 가장 평등한 국가에서 세계 주요 대국 가운데 가장 불평등한 국가로 변했습니다. 지하 경제에서 얻는 소득을 고려하지 않아도 지니계수가 이미 0.5로 위험 수준에 접근했습니다. 중국의 1인당 평균 소득은 세계 100위 수준입니다. 하지만 세계 사치품의 절반을 소비하고 있지요. 이것만 봐도 빈부 격차가 심각함을 알 수 있습니다.

과거에 세계가 경험했듯이 빈부 격차가 두드러진 개발도상국은 안정적으로 현대화 국가로 전환되기가 어려웠습니다. 그런 국가들은 내부에서 격렬한 충돌이 일어나면서 사회가 혼란스러워졌고 경제도 마비되었습니다. 이 같은 사실은 중국의 각성을 불러일으키고 있습니다.

앞서 연구한 동아시아 국가의 성공 경험에 대해 중국은 더 깊은 연구를 진행할 것입니다. 특히 성공 경험 5가지 중에서 마지막 2가지 요인은 중국이 나아갈 방향을 제시해줍니다. 앞으로 중국의 경제 혁신과 개혁이 일어난다면 도시화를 성공적으로 이끌고 빈부 격차를 줄이려는 방향으로 간다는 뜻입니다.

17장

인터넷을 공중화장실처럼
만들어서는 안 된다.

주화신

주화신

祝華新

인민망(人民網) 인터넷 여론 모니터링실 비서장.

　뉴스의 역사, 그리고 중국 내 인터넷 여론 동향 조사 연구자다. 1986~2000년에 중국 관영 신문인 〈인민일보〉 기자로 일했다. 2014년, 중국 인터넷 여론장과 컨센서스에 대한 종합 보고서를 책임 집필했다.

중국인터넷정보센터(CNNIC)가 발표한 33차 중국 인터넷 발전 상황 통계 보고에 따르면, 중국 네티즌은 계속 증가해서 2013년 12월 기준으로 6억 1,800만 명에 달하고, 1년간 새로 증가한 네티즌은 5,358만 명에 달했습니다. 이 시기 동안 2013년 웨이보(微博, 트위터와 비슷한 중국의 마이크로 블로그) 사용자는 2,783만 명 줄었고, 사용률은 9.2% 포인트 하락했습니다.

2013년 기준, 중국 네티즌의 일주일 평균 인터넷 접속 시간은 1년 전보다 4.5시간 증가했습니다. 그러나 네티즌의 22.8%는 웨이보 사용 시간을 줄였고, 12.7%만이 늘렸습니다.

그동안 중국 네티즌들의 여론을 반영해온 웨이보 활용도는 2011년 7월 23일 원저우 고속철도 사고(용원선(甬温線) 사고, 베이징에서 출발해 푸저우(福州)로 가던 열차가 용원선 상하이 철도국 관할 구역에서 항저우발 푸저우행 열차와 충돌해 40명이 사망하고 190명이 다침) 당시 정점을 찍은 후 줄어들기 시작했습니다. 당시 며칠 동안 무려 5억 개의 포스팅이 올라왔습니다. 주하이(珠海)에서 기업을 운영하는 천리하오(陳利浩)는 웨이보 포스팅을 통해, 네티즌들이 리트윗을 1번 할 때마다 가장 마지막에 구출된 승객 샤오이이(小伊伊)에게 1위안(170원)씩 기부하겠다고 약속했습니다. 이 포스팅은 24시간 안에 100만 번 가까이 리트윗되었습니다.

그러나 2013년 8월 쉐만즈(薛蠻子, 기업가이자 엔젤투자자, 성매매 여성과 접촉한 혐의로 구속)가 구속된 후, 정부의 인터넷 통제는 웨이보와 같은 인터넷 여론 형성에 찬물을 끼얹었습니다. 2014년 3월 8일, 말레이시아항공 MH370편 여객기의 연락이 두절되자 인터넷에서 셜록 홈즈 식의 추리가 분분해지면서 웨이보의 열기가 다시 높아졌습니다. 당시 웨이보에는 "마항(말레이시아항공)+MH370+연락 두절"과 관련된 포스팅이 3,000만 건에 달했습니다. 물론 고속철 사고 때에 비해서는 현격히 적습니다.

저는 이 같은 중국의 소셜 네트워크 서비스에 나타난 여론과 중국 정부의 개혁 정책이 어떤 연관성을 갖는지에 대해 말씀드리겠습니다. 각종 사례를 예로 들겠습니다.

보왕 사건

1980~1990년대 일어난 중국 정치계의 풍파부터 1992년 덩샤오핑의 남순강화(南巡談話)까지, 중국의 사회 발전은 상자에 갇힌

것처럼 그 안에서만 움직이는 특징이 있었습니다. 안정이라는 가치가 모든 것을 압도했습니다. 이렇게 사회문제는 상자 안에서만 등락을 거듭했고 중국 경제는 20여 년간 고속 성장할 수 있었습니다.

중국은 세계 2대 경제 주체가 되었지요. 동시에 부작용도 많았습니다. 시장 개혁은 완벽하지 못했고, 공권력이 사회 자원 분배에 막대한 영향력을 행사해서 인맥이나 뇌물에 따라 자원이 분배되었습니다. 공정한 경쟁의 기회가 사라졌고 빈부 격차가 심화되면서 '마태 효과'가 나타났습니다. 마태 효과는 마태복음 25장 29절의 '무릇 있는 자는 받아 충족하게 되고 없는 자는 그 있는 것까지 빼앗기리라'에서 비롯된 말로, 부자는 더욱 부자가 되고 가난한 자는 더욱 가난해지는 부익부 빈익빈 현상을 가리킵니다. 사회 계층 간 이동이 막히면서 민심의 분노는 날로 커졌습니다. 때로는 사회 집단 간 충돌이 일어나기도 했습니다.

그러던 중 2012년 일어난 최대 부패 사건인 보왕 사건(薄王, 전 충칭 시 당서기 보시라이(薄熙来)와 전 충칭 시 공안국장 왕리쥔(王立軍) 사건) 이후 정치 개혁의 속도를 높이자는 목소리가 높아졌습니다. 다양한 생각들이 충돌하기 시작했고, '이익을 고정하는 울타리'를 부수기 위해 다시 개혁하자는 함성도 높았습니다.

그동안 여론은 정부의 수용력에 그다지 신뢰를 보내지 않았습니다. 사람들은 일련의 사건을 지켜보며 정부 공신력을 의심하기 시작했고 적법성을 따지기도 했습니다.

인터넷상에는 소위 '대만의 국민당 팬(国粉)', 즉 대만 국민당 정부와 장제스의 열혈 팬이 출현했습니다. 팡쯔민(方誌敏. 1899~1935, 중국공산당 혁명가, 정치가, 군사 전문가)의 진상에 대해 이야기하는 글도 있었습니다.

랑야산의 다섯 용사(狼牙山伍壯士, 항일전쟁 시기 랑야산 전투에서 일본군을 격파한 팔로군(八路軍)의 다섯 영웅)에 대한 글은 물론이고, 항미원조(抗美援朝, 6.25 전쟁)에 대한 의심도 생겼고, 심지어 공산당혁명 경전을 뒤집는 글이 퍼지기도 했습니다.

사실 여론이 이렇게 기탄없이 글을 올리게 된 것은 사상 해방 시기로 알려진 1980년대에도 상상하기 힘든 것이었습니다. 이런 현상이 지속되다 보니 일부 사람들은 "상감령(중국이 6.25 전쟁 중 최대의 승전보라고 자랑하는 철원 상감령 전투. 중국 전쟁사에서 가장 성공적인 방어 작전)이 위기인데 인민 지원군인 15군은 어디에 있는가(上甘峙以危 十伍軍安在)"라는 걱정까지 했습니다.

저는 적어도 중국은 공산당이 지배한다는 것에 대한 도전은 허용될 수 없다고 생각합니다. 인터넷은 주류 여론의 창이며 특히 청년들에게 가장 크게 영향을 주는 플랫폼이기 때문에 정부는 이것만은 지켜내야 할 것입니다.

인터넷에는 국민의 다양한 요구가 올라옵니다. 저는 네티즌의 비판적 의견을 강령이 없는 정치적 저항으로 봅니다. 네티즌들은 끊임없이 웨이보에 포스팅하는 것이 마치 황제에게 상소문을 올리는 것과 같다고 여기겠지만, 사실상 수다스러운 잔소리에 불과할 때도 많습니다. 인터넷상의 발언은 많은 경우 냉소가 섞인 글, 단순히 재미를 찾는 행위, 그리고 불만을 발산하는 것에 불과할 때가 많습니다. 완전히 대수롭지 않게 여겨서는 안 되지만, 너무 과도하게 해석할 필요도 없습니다.

한편 인터넷의 또 다른 영역에서는 '문화대혁명'을 그리워하며 "창훙다헤이(唱紅打黑. 홍색 가요를 부르고 폭력배를 소탕하자)"라는 활동을 미화하는 정서도 적지 않습니다. 11차 3중 전회에서 부정한 '문화대혁명'과 고도로 집중된 계획경제가 극도로 미화되는 일도 있었습니다. 실제로 매주 주말이면 뤄양(洛陽)의 저우왕청(周王城) 광장에서 몇몇 사람이 마오쩌둥(毛澤東)의 초상화를 들고 공산당을 찬양하는 홍색 가요를 부르며 춤을 춥니다. 제가 보기에 이들은 시장경제의 아웃사이더로, 사회의 보살핌이 필요한 사람들입니다.

사실 중국은 몇몇 핫 이슈와 민감한 주제에 대해 진보와 보수, 엘리트와 민초가 첨예하게 대립했고, 인식의 차이는 감정 대립과 사회 분열을 야기하기도 했습니다. 덩샤오핑의 남순강화 후 개혁개방의 큰 물결이 중국에서 일어났고 세월이 지나면서 사람들의 생각도 변했습니다. 18차 전국대표대회 후 중국의 지도 집단에는 여론의 압력에 대응하면서 공산당 주도의 개혁을 달성하기 위해 객관적이고 이성적인 여론 환경을 조성하는 것이 가장 큰 과제로 떠올랐습니다.

중국의 꿈으로 사회 분열을 막는다

시진핑 정부는 중국공산당 18차 3중 전회를 통해 전면적인 심화 개혁의 전체 틀을 잡았고, 경제·정치·문화·사회·환경 등 15개 영역 330개 항목에서 관련 노선과 개혁 일정을 제시했습니다. 최근 사회 각계에서 논의되는 핫 이슈는 모두 3중 전회에서 공감대를 찾을 수 있습니다. 시진핑 주석은 외신 기자들을 향해 "개혁의 신호탄이 이미 울렸다"라고 말했습니다.

시 주석은 "지난 30년간 중국이 개혁을 해왔기 때문에 쉬운 개혁 그리고 모두가 좋아하는 개혁은 이미 다 완성되었다. 먹기 좋은 고기는 다 먹어치웠다. 남은 것은 다 씹기 어려운 딱딱한 뼈다귀뿐이다"라고 솔직하게 말했습니다. 결국 어렵고 대담한 개혁을 요구하는 것이지요.

이처럼 무거운 짐을 지고 걸어가야 하는 정부는 인터넷에 대해서도 새로운 인식이 있었습니다. 과거에는 '그물 한쪽을 벌려놓고 빠져나갈 구멍을 남기는' 식이었습니다. 사냥에 나선 황제가 사냥감이자 미물인 짐승도 살리려고 발버둥치면 한쪽 그물은 열어줘서 인간적 관용을 베풀자는 취지입니다. 그러나 이번 시진핑 정부는 인터넷이 사회를 관리하고 통제하는 데 최대 변수라는 점을 중요하게 여겨, 적극적으로 인터넷 공간에서 분쟁을 주시하고 또 처리하고 있습니다. 현 정부는 극단적인 여론이 사회 심리를 어지럽히는 것을 그대로 둔다면 사회 통치 비용이 크게 증가할 것이며 심지어 집권 위기까지 몰고 올 수도 있다고 봅니다. 누가 봐도 명백하게 인터넷 관리에 강경 정책을 취하고 있는 것이지요.

1989년 2월 부시(George H. Bush) 미국 대통령을 만났을 때 중국 지도자들은 "중국의 극단적 서구화를 주장하는 야바위꾼 노릇을 하지 말라. 중국 개혁을 진정성 있게 추진하는 힘은 중국 특색에 맞게 일을 처리하는 중국 정부와 중국 인민이다"라고 말했습니다. 과거의 시딴벽(西单墙, 1978년 봄 출현한 베이징 시딴의 대자보 벽)부터 현재 인터넷에 오르내리는 극단적 의견들은 결국 개혁과 발전의 길을 저해했다고 저는 생각합니다.

2014년 2월 27일, 중국 인터넷안전및정보화영도소조가 성립되고, 시진핑 주석이 조장을 맡았습니다. 중앙전면심화개혁영도소조 조장과 중앙국가안전위원회 주석에 이어 세 번째로 맡은 직무로, 시 주석이 미디어에 관심이 많다는 것을 알 수 있는 대목입니다. 총서기가 직접 지휘권을 잡아 인터넷 관리 체계를 정돈하고 뉴 미디어를 관리하고 이성적인 인터넷 생태계를 추진하기 위해 노력한다고 보시면 됩니다.

중국공산당과 정부가 인터넷을 잘 관리하고 이용하며, 네티즌이 마우스와 키보드의 발언권을 소중히 여기고, 정부와 민중이 소통하며 상생한다면, 국정 운영의 최대 변수인 인터넷을 예측 가능하고 관리 가능하며 협상 가능한 상수로 만들고, 국정의 새로운 플랫폼으로 변신시킬 수 있을 것입니다. 클린 인터넷 환경은 중국 사회 전환의 평형수 역할을 할 것으로 생각합니다.

3중 전회의 개혁 방향에 따라 민중과 함께 새 정치를 펴기 위해 인터넷이라는 가장 큰 여론 플랫폼 개혁이 시작되었습니다. 저는 극단적인 사조를 억제하고 사회의 악취를 없애며 당의 의지와 국민의 여론을 잘 모은다면 향후 황금기 10년을 열 수도 있다고 생각합니다. 그리고 이것이 순조롭게 진행된다면 중국의 꿈이 실현될 날도 머지않을 것입니다.

깨끗한 웨이보 여론 플랫폼은 사회에 이익

중국판 트위터인 웨이보 사용자가 줄어든 것은 중국판 카카오톡인 웨이신의 발전 때문입니다. CNNIC의 연구 데이터에 따르면, 웨이보 사용을 줄인 사람 중 37.4%가 웨이신으로 이동했습니다. 웨이보 같은 공개 플랫폼에서 의견을 말하는 것이 안전하지 않다는 생각에서입니다.

웨이보상의 비판적 글은 줄었지만, 사회 전환기의 각종 갈등은 여전합니다. 오히려 비판적인 의견이 웨이신으로 옮겨 갔을 뿐이라는 분석도 있습니다. 물론 웨이신은 카카오톡과 밴드 같은 사적인 친구 그룹이라서 트위터나 웨이보처럼 짜증스럽지는 않습니다. 하지만 여론의 조기 경보 기능이 없어서, 항로 표지가 없는 배가 소용돌이 속에서 전진하는 것을 아무도 모르고 있는 것에 비유할 수 있습니다.

웨이신(카카오톡류)은 동질화된 작은 그룹이어서 한쪽으로 편향된 의견이 계속 떠도는 경우가 많습니다. 웨이보(트위터류)처럼 일반 대중을 상대로 한 플랫폼과 달리, 웨이신에는 정보 자체 정화 시스템(웨이보는 유언비어를 없애기 위한 자체 시스템이 있다)과 여론의 헤징(hedging)처럼 균형을 갖출 만한 시스템이 없습니다. 예컨대 말레이시아항공의 연락 두절 사건이 일어났을 때 사실이 아닌 유언비어가 웨이보상에서 끊임없이 돌고 돌았지만 비교적 빠르게 사실이 밝혀지면서 여론이 안정됐습니다. 그러나 웨이신 친구 그룹에서는 유언비어가 여전히 떠돌았습니다. 잘못된 방향을 바로잡는 기능 면에서는 웨이신이 웨이보만 못합니다.

웨이신이 웨이보를 대체한 것은 미디어 사용자들의 선호 때문일 수도 있고, 대중 정치에 참여하는 것에 대해 냉랭한 마음을 갖고 있어서, 혹은 참여하려는 심리가 위축되어서이기도 할 겁니다.

최근 웨이신의 친구 그룹 내에 소문들이 만연한데, 문화대혁명 말기의 뜬소문과 비슷한 점이 있습니다. 덩샤오핑은 1978년 "현재 당 내외에 뜬소문이 많은데 참과 거짓이 섞여 있다"면서 "이는 우리 정치에서 민주주의가 장기적으로 결핍된 것에 대한 일종의 벌과 같다. 정당이 인민의 목소리를 듣지 못하는 것은 두려운 일이며, 가장 두려운 것은 아무런 소리도 없는 것이다"라고 경고하기까지 했습니다.

시진핑 정부의 입장은 이렇습니다. 여론은 주로 민간의 의견이며, 정부 국정에 대한 평가 피드백이라고 정의할 수 있습니다. 그렇기 때문에 군중 속에 서서 흐름에 따르고 사물의 발전 추세에 맞춰 유리한 방향으로 이끌어야지, 군중과 대척점에 서서는 안 된다는 것이 기본 입장입니다. 인터넷은 대화의 장이기 때문에 경계하는 마음과 능력에 대한 공포, 관리에 대한 우려를 극복해야 합니다. 인터넷이라는 매체의 능력을 배우고 제고하는 것도 저희가 해야 할 일입니다.

장기적으로 볼 때 인터넷상의 1인 미디어 관리는 중국 사회 전체의 개혁과 마찬가지로 '작은 정부, 큰 사회'라는 트렌드를 따라야 합니다. 정부는 보이지 않는 손의 역할을 해야 할 것입니다.

인터넷 커뮤니티상에서 자치가 이루어질 수 있게, 네티즌들이 도덕적 자율성을 고양할 수 있게, 특히 네티즌 중 오피니언 리더가 사회적 소양과 책임감을 고양할 수 있게끔 유도하는 것이 가장 바람직합니다.

정부는 인터넷 여론의 적극적인 참여자도 되어야 합니다. 현재 '웨이보 국가대표팀'이 약진하고 있습니다. 현재까지 24만 개의 정부 관련 웨이보가 있으며, 수백 개의 당 신문, 국가급 방송국 등 주류 매체의 웨이보가 적극적으로 목소리를 내며 여론을 인도하고 있습니다. 연구에는 금기가 없지만 홍보에는 기율이 있어야 한다는 것이 정부의 일관된 방침입니다.

체제 개혁은 물이 흐르는 곳에 도랑이 생기듯 조건이 갖춰지면 성사되는 것이지, 너무 성급하게 밀어붙여서는 안 됩니다. 저는 불필요한 이데올로기 논쟁에 불을 붙여 사람들의 마음을 뒤흔드는 일도 있어서는 안 된다고 생각합니다.

당내 한 고위 간부는 제게 현재 중국의 주요 모순은 아직 해결되지 않았다고 진지하게 말했습니다. 특히 교육·의료·취업·주거·양로·보험 등 사람들이 관심 있어 하는 민생 문제, 그리고 당과 인민들의 상호 신뢰에 큰 영향을 주는 부패 문제가 가장 중요하다고 지적했습니다. 어쨌든 현실 문제를 해결하지 않고서 이데올로기에 대한 무기력한 논쟁만 하면 사회는 더욱 혼란스러워질 수밖에 없습니다. 당과 국민 간의 상호 신뢰도 점점 떨어질 수밖에 없다는 것을 잘 알고 있습니다.

저는 법원이 인터넷을 '공중화장실'처럼 만들 것인지 아닌지를 신중히 판단해야 한다고 생각합니다. 인터넷상에서 난동을 부리는 죄의 범위를 어떻게 확정할 것인가 등에 관한 법적 경계선도 만들어야 합니다. 이는 곧 인터넷의 흥망과 직결되는 문제입니다.

여론을 선도하는 인터넷 지식인

저희 인민망 인터넷 여론 모니터링실은 '2008년 중국 인터넷 여론 분석 보고'라는 보고서에서, 인터넷에 일종의 '새로운 오피니언 계층'이 출현했다고 분석했습니다. 이들은 시사 뉴스에 관심을 가지고, 자신의 의견을 활발하게 펼치고, 단시간 내에 공감대를 모을 수 있으며, 감정을 증폭하며 행동을 유발하고, 사회에 영향을 줄 수 있는 네티즌을 가리킵니다.

오늘날에는 새로운 매체에 특수한 지식인 집단이 출현했습니다. 자유 기고가, 인터넷 오피니언 리더, 인터넷 관리자, 1인 미디어 운영자, 각종 기관의 웨이보 운영자 등입니다. 이들은 어느 정도 민의를 대변하며 정부에 호소하는 역할을 합니다. 하지만 현실적으로 불가능한 편향된 요구를 제기하기도 합니다.

물론 인터넷 지식인은 정부가 좋아하든 싫어하든 사라질 존재는 아닙니다. 1994년 학자들은 여론 전파에 일종의 '2차 전파'가 있다는 것을 발견했습니다. 뉴스는 처음으로 '오피니언 리더'에게 작용하고 나서 대중에게 영향을 미친다는 것입니다. 이런 현상은 인터넷에서 더욱 뚜렷합니다. 2차 전파를 1차 전파로 바꾸려는 시도는 일방적인 바람에 불과한 것이죠.

그리고 오피니언 리더들의 대부분은 체제 밖의 인사입니다. 그중에서도 '우량따V(無良大V)'라는 인물은 인터넷에 힘입어 이름을 알리고 지명도를 높였습니다. 따V는 네티즌 팬이 많은 인터넷 유명인을 말하며, 일반적으로 팔로어 50만 명 이상을 가리킵니다. 웨이보에서는 신분 확인이 된 사람의 ID 뒤에 'V' 자를 붙입니다.

물론 많은 오피니언 리더가 여론을 오도하는 경우도 있지만, 다른 각도에서는 인터넷상에서 직언하는 사람들 중 적지 않은 이가 순수한 마음을 지녔다고 볼 수도 있습니다. 그들의 건설적 작용과 협동 정신을 객관적으로 평가할 필요도 있다고 생각합니다.

첫째, 정부는 인터넷 지식인이 국정을 정확하게 파악하고, 공공

관리의 복잡성을 이해하며, 분별 있는 언사와 행동을 할 수 있게 도와야 합니다. 민과 관의 다리 혹은 윤활유 역할을 하는 이들을, 대항이 아닌 대화를 통해 이끌어야 한다는 것이죠.

활발하게 활동하는 네티즌들이 신문·잡지·방송 등 전통 매체에서 이성적으로 목소리를 내는 것을 포용하고 지지해야 합니다. 저는 온라인상의 오피니언 리더들이 사회 주류에 합류하는 것을 격려하고, 아웃사이더 상태로 있는 것을 피해야 한다고 생각합니다. 아웃사이더가 될수록 급진화되는 경향이 크기 때문이지요.

시진핑 주석은 이와 관련해 민중의 이익과 밀접한 관계가 있는 모순과 문제를 잘 해결해줄 것을 주문했습니다. 이에 중앙정법위(政法委) 서기 멍젠주(孟建柱)는 민생 서비스 사이트와 정무 웨이보, 민생 웨이신, 민정 QQ 그룹(인스턴트 메시지 서비스의 하나) 등을 만들어, 당과 정부가 민심을 살피고 민심이 우려하는 것을 해소하는 새로운 통로로 삼았습니다. 새로운 플랫폼으로 민의를 전하는 창구를 만든 것입니다. 이렇게 해서 민과 관이 상호 작용을 벌이면 좋은 쪽으로 선순환이 일어날 것으로 기대됩니다.

둘째, 웨이보, 웨이신 등 1인 미디어에 나타나는 인터넷 여론이 중요합니다. 매춘 사업이 성행했던 둥관에서 음란물을 소탕하던 중, 몇몇 지역 신문이 웨이보에 "그래도 둥관은 버텨내야 한다"라는 글을 올리면서 불에 기름을 붓는 꼴이 되었습니다. 카이디(凱迪) 카페에 글을 올린 네티즌 '나는 화성에서 왔어(我从火星来)'는 "전 세계를 보더라도 포르노 산업은 대다수 국가에서 인정하는 것이 아니다. 아무리 다원화를 요구하더라도 사회의 핵심 가치와 옳고 그름에 대한 판단은 명확해야 한다. 개인적인 감정이나 편견으로 인해 시비를 가리지 않고 선악을 분별하지 못하면 안 된다"고 글을 올렸습니다.

정부는 뉴 미디어 관리자, 게시판 관리자 등에게 정부 정책을 효과적으로 전달하는 방법을 고민해야 합니다. 오피니언 리더들에게 책임 의식과 대국(大局) 의식을 강화시킬 수 있는 방법을 연구하고 새로운 경험을 모색할 필요도 있습니다. 사법 사건, 의료 분규, 민간 항공기 사고 등은 전문성이 강하기 때문에 매체들은 더욱 신중하게 접근해야 합니다. 소수의 오피니언 리더에게 의존하거나 인터넷 포퓰리즘에 치우쳐서는 안 됩니다. 잘못된 논리나 편향된 의견을 확대해서도 안 되고요.

바른 것은 북돋고 치우친 것은 바로잡아야 할 것입니다. 이를 위해 뉴 미디어와 1인 미디어 사이트 종사자들의 진입 문턱을 높일 필요가 있을 것 같습니다. 예를 들어 말레이시아 항공기의 연락 두절 사건 당시 웨이보에는 일부 1인 미디어의 유언비어에 말려든 글들이 나돌았습니다. 말레이시아 측의 세심하지 못한 발표에 적절하게 질의하지도 못했고, 그저 네티즌들의 감정을 부추기는 식의 보도를 했습니다. 이와 달리 영미권 매체는 비행기, 엔진, 해상 위성 등 민항의 핵심 기술 정보를 이용해서 말레이시아 정부가 하나씩 정보를 내놓도록 압박했습니다.

셋째, 정부는 '다른 의견'을 포용하는 마음을 가져야 합니다. 인터넷 지식인들을 별종으로 보지 말고 구동존이(求同存異, 의견을 같이하는 부분부터 협력)와 취동화이(聚同化異, 같은 것은 모으고 다른 것은 협의해서 해결)를 위해 노력해야 합니다.

정부가 오피니언 리더를 포용하는 것은 민의를 경외하는 의미가 있습니다. 민중의 의견이 없다면 어디서 '오피니언 리더'가 생기겠습니까?

인터넷은 사회의 통풍구이자 감압 밸브입니다. 인터넷이 민원을 해결하는 데 도움이 된다는 것은 이미 적지 않은 정부 관료들이 공감하고 있습니다. 시진핑 주석도 "중국공산당은 예리한 비판을 수용할 수 있어야 한다"고 밝힌 바 있습니다. 민중의 마음을 반영하고 날카로운 비평을 제기할 수 있는 사람은 주로 지식인, 특히 인터넷상에서 활동이 활발한 지식인입니다.

인터넷에서 트렌드를 선도하는 지식인들은 각자의 발언권을 소중하게 여겨 지혜로운 의견을 건의하고 실무적인 방법을 제기하면 좋겠습니다. 정부도 이들을 주시할 것입니다. 정부가 인터넷상의 지식인과 오피니언 리더를 대하는 태도는 국가의 통치 능력과 현대화 정도를 나타내는 지표이기도 합니다.

최근 들어 인터넷에서 이런 지식인들을 일부러 깎아내리고 지식인과 일반 네티즌 사이의 관계에 분쟁을 일으키는 것이 유행처럼 번졌습니다. 이런 반(反)지식인 경향은 지식인들 스스로가 자기 발언에 대해 반성하게 만들었습니다. 과도한 지적 우월감을 피할 수 있게 해준 것이기도 합니다. 그러나 다른 한편으로는 이런 정서를 내버려 두거나 묵인해서 지식인에 대한 존중 정책이 훼손당하는 일은 없어야겠죠. 우리는 다양한 민의를 수렴하고 흡수해서 가급적 좋은 정책적 선택지를 늘리기를 희망합니다. 이렇게 해야만 전환기 사회가 격변할 때도 안정적인 여론 형성이 가능할 테니까요.

덧붙여서 네티즌들 사이에서 일어나는 발언으로 인한 불화, 웨이보에서 언쟁을 나누다가 실제로 싸움 약속을 걸어 만나는 등 인터넷으로 인한 폭력은 제지할 필요가 있습니다. 그리고 거슬리는 의견을 멋대로 삭제한다거나 발언을 금지하고 계정을 막는 행위는 과감히 철폐해야 할 것입니다.

여론에 어떻게 대응할 것인가는 국가 통치 능력을 시험하는 잣대이며, 개혁에도 중요한 부분을 차지할 것입니다. 인터넷상에서 극단론자들을 물러나게 하고 사회적 민의를 중도로 수렴해서 주류 여론을 형성할 필요가 있습니다. 위정자는 마음을 넓게 먹고, 민심을 자상하게 돌보며, 민의를 포용하고, 국민의 원한(民怨)을 없애야 합니다. 궁극적으로는 관과 민을 포함한 사회 각 계층이 원활하게 소통할 수 있게 해야 할 것입니다. 민의는 거스를 수 없고 민심은 존경받아 마땅합니다.

18장

중국의 거버넌스를 다시 생각하라.

런젠타오

런
젠
타
오

任劍濤

중국 인민대학교 정치학 교수다. 런젠타오는 홍콩과 가까운 중국 선전 시를 '대담한 경제특구'로 만들어야 한다고 주장하기도 했다. 1962년생으로 쓰촨성 광위안(廣元) 시 출신이다. 중산(中山) 대학 정치 및 공공사무관리학원 학원장, 미국 하버드 옌칭 대학교 방문 학자를 지냈다. 중국과 서양 정치 사상과 당대 중국 정치 등에 관심이 많다. 2005년 제5회 광둥성이 뽑은 걸출한 10대 인재의 칭호를 받았다. 2009년부터 중국 인민대학교 국제 관계학과에서 학생들을 가르치고 있다. 2010년 대만대학 방문 연구원을 지냈다.

저는 중국의 거버넌스에 대해 이야기하려 합니다. 현대 국가는 안정·발전·번영이라는 3요소에 기반을 두고 있습니다. 이 3요소는 국가의 권력 체계, 시장의 가격 체계, 사회의 자치 체계와 긴밀한 관련을 맺고 있습니다. 한 사회가 안정되고 발전하며 번영하기 위해서는 국가 권력 체계가 법제화되어 운용되어야 하고, 시장의 자원은 효율적으로 배치되어야 하며, 사회는 자주·자치·자율이 이루어져야 한다는 뜻입니다.

현대 국가의 3요소를 말씀드린 것은, 과거에는 국가가 일방적으로 통치하면 그만이었지만 이제는 사회적인 거버넌스 논리로 전환되어야 하기 때문입니다. 3요소가 긍정적인 상호 작용을 통해 형성한 정교한 균형이 국가 전체의 굿 거버넌스, 즉 선치(善治)로 이어져야 한다는 것이지요. 국가와 정부의 일방적인 통치에서 '거버넌스'로 탈바꿈하는 것은 국가를 보는 데 구조적이고 근본적인 변화라고 하겠습니다. 단순한 거버넌스에 그치는 것이 아니라 굿

혁신 차이나

거버넌스(선치)로 전환하는 것이 우리가 추구해야 할 궁극적인 목표라고 할 수 있습니다.

굿 거버넌스가 이루어지는 사회에는 두 가지 특징이 있습니다. 첫째, 시민들이 사회를 자치(自治)할 수 있고 함께 통치하는 공치(共治)를 실현한다는 점입니다. 둘째, 국가와 사회의 적극적인 협상을 통해 각종 문제를 해결한다는 겁니다. 이런 사회는 안녕과 질서가 있고 미래 지향적이며 건강한 마음으로 서로 아끼고 돕는 사회입니다. 무관심, 적대감, 비난 등을 극복하는 이상적인 사회 구조죠. 선치 사회는 '한 사람이 부귀해지면 모두 부귀해지고, 한 사람이 망하면 모두 망하는 관계'로 표현되곤 합니다.

중국 사회는 현재 전환기에 놓여 있습니다. 중국이 이룩한 경제 발전은 전 세계의 찬사를 받았습니다. 하지만 국가 거버넌스 체계는 아직 미비합니다. 이는 중국이 경제뿐 아니라 국가 발전을 이루는 데 명백한 장애 요인입니다. 오늘날 전 세계는 한 국가의 거버넌스를 가지고 그 국가의 관리 능력을 판가름합니다. 그만큼 중국의 지속적인 발전 전망에 대한 우려가 깊어질 수밖에 없습니다. 국가·시장·사회 각 영역에서 3가지 선치를 실현해 국가 전체의 선치로 이어지게 하는 것이야말로 중국 발전을 위한 핵심입니다.

국가와 시장, 사회를 조화롭게 관리해나가기는 물론 쉽지 않습니다. 일단 중국 사회는 국가 권력에 속박되어 있습니다. 그러한 중국이 자주적이고 자립적인 사회를 실현한다고 해도 2가지 중대한 과제는 여전히 남게 됩니다.

첫째, 국가는 사회를 위한 자유롭고 자주적인 활동 공간을 제공해야 합니다. 이를 통해 개인이 이익을 추구하고, 합리적인 개인의 이익과 사회 공익이 균형을 찾는 건강한 사회를 만들어야 합니다. 둘째, 국가는 비합리적이고 개인의 이익만을 추구하는 주장으로 야기될 수 있는 혼란을 정리해야 합니다. 국가가 너무 성급하면 무정부 상태가 될 수 있고, 너무 느긋하면 자주·자치·자율 능력을 상실해 무능한 사회가 될 수 있습니다. 국가는 큰일에서 작은 일까지 세심하고 면밀하게 보살필 수 있어야 합니다.

현재 중국 사회의 가장 큰 문제점은 부도덕성입니다. 오랜 시간 중국은 최소한의 조직 구성에도 실패하여 흩어진 모래알같이 보였습니다. 과거 중국인들은 국가 권력의 힘이 미치지 못하는 곳에서 소소한 자유를 누리고 있었습니다. 그러나 막상 일상에서 벌어지는 사소한 문제로 어려움을 겪으면서 비로소 사회 질서의 필요성과 중요성을 생각하게 되었습니다.

굿 거버넌스가 이루어지는 사회에서는 개인과 조직이 갖는 책임과 의무, 그리고 이들의 상호 관계를 자유롭게 판단할 수 있어야 합니다. 일상생활과 조직 내에서 개인의 책임과 사회적인 책임을 함께 경험해야 할 필요도 있습니다.

사람들이 국가의 강압적 주입에 따라 책임과 의무를 다한다면 심리적 피로감만을 가져올 것입니다. 결국 마음이 억눌린 사람들의 저항 심리를 자극해 반감을 불러일으키는 결과가 발생할 겁니다.

사회학자들은 이 같은 현상이 지속되면 사회 분열·붕괴·추락이 일어날 거라고 말합니다. 오늘날 중국은 다원화된 현대 사회의 특성을 보이고 있지만 심각한 문제도 함께 갖고 있습니다. 일부 사람들의 끔찍한 도덕적 타락은 우려할 만한 수준입니다. 언젠가 불법 유흥가 단속을 위해 출동한 경찰이 폭행당한 사건만 봐도 충분히 알 수 있습니다. 폭력에서 구해준 사람에게 도리어 보상을 요구한 노인의 사례에서 사람들은 '선의를 베풀어봤자 손해'라고 생각하게 되었습니다.

사회에서 표출되는 폭력 성향으로 구성원들은 적의를 갖게 됩니다. 과거 산둥(山東)성의 한 농민이 맹독성 농약을 묻은 땅에서 키운 생강을 도시로 유통시킨 사건이 발생했습니다. 당시 한 기자는 이 농민을 취재하는 과정에서 놀라운 말을 들었습니다. 농민은 거리낌없이 "어쨌든 나는 안 먹을 거니까"라고 말했습니다. 이는 시비(是非)와 선악에 대한 잔혹한 무관심이 투영된 사례입니다.

사실 승자독식의 생각이 보편화된 중국 사회는 타협과 협상을 기대하기 어려운 구조였습니다. 본래 공공 의식이 취약했고 공공 참여 기회도 턱없이 부족했죠. 사람들은 공공 규칙을 경시했고 공공의 이익을 냉대하는 문화도 심각했습니다. 공익이 훼손되어도 무관심한 풍토, 군중의 폭력적인 심리 등이 팽배한 사회였던 것이죠.

이런 사회는 주로 두 가지 성향을 보입니다. 우선 일반 대중은 자신의 뜻을 관철하기 위해 소송을 제기하지만 정부는 안정된 체제 유지에만 관심을 쏟습니다. 민중과 정부 간에 이성적 관계가 성립하지 않는 것입니다. 둘째, 일부 사람들은 사회에서 벌어지는 비극적 사건, 특히 정부와 관련된 사고를 속으로 즐기기까지 합니다. 이성적 판단을 하지 않는 사람들의 왜곡된 표현 방식입니다. 사람이 다치거나 심지어 사망하는 등 비극적인 사건 사고에 대한 최소한의 동정심조차 없다는 이야기지요. 이들은 사회 혼란을 가져오는 행위에 대한 기본적 판단력이 부족합니다. 또 공직에서 발생하는 각종 사건을 보면서 쾌락을 느낍니다. 이런 사회는 시시비비를 가릴 능력이 없으며 선악 관념에 대해서도 심각한 왜곡을 보입니다.

저는 국가가 사회 조직에 활력을 찾아줘야 하며, 공공적인 조직들이 마음껏 활동할 수 있도록 더 넓은 공간을 제공해야 한다고 주장합니다.

사회 구성원들은 자주·자치·자율에 대한 고유의 논리를 갖고 있습니다. 이것은 권력 간 견제를 원칙으로 하는 국가의 법치 논리와는 또 다릅니다. 과거 중국은 오랫동안 국가의 법치 논리와 사회의 자치 논리가 분리되지 않고 혼재되어왔습니다.

그 결과 국가 권력이 사회를 통제했습니다. 국가는 이미 사회를 규제 대상으로 생각하고, 사회 또한 국가에 철저히 속해 있다는 시각을 갖고 있습니다. 국가 권력이 사회를 장악하고 있는 것입니다. 바로 여기서 공공은 권력에 완전히 지배당하며 권리에 대한 관념, 자각, 이성적 판단이 결여된 채 자주와 자치 공간을 상실

하고 말았습니다.

지난 30여 년 시장경제 체제를 실시해오면서 중국 사회는 상상을 초월할 정도로 복잡해졌습니다. 사회 복잡성은 분업 및 협업 체계와 긴밀한 관련이 있습니다. 시장경제는 사회 분업과 협업 체계라는 선진 경제 시스템을 촉진합니다. 이는 과거 가정에서 농사를 짓던 소농 경제 시대의 단순 노동 방식과는 확연히 다른 것입니다. 문제는 권력층이 여전히 소농 경제 시대의 시각으로 시장을 바라본다는 것입니다. 그렇게 단순하고 시대에 뒤떨어진 눈으로는 복잡한 시장을 정확하게 볼 수 없는데도 말이죠.

다른 한편으로 사회의 심각한 양극화 현상이 큰 사회문제로 지적되고 있습니다. 시장경제가 발전하면서 중국은 이동성이 엄청나게 높아졌습니다. 매년 춘절(설날)이 되면 유동 인구가 10억 명에 이릅니다. 개혁 개방 이전의 사람들은 상상조차 할 수 없는 것이었지요. 유동적인 사회 계층·집단·조직 등에 대한 관리는 권력 논리에 빠져 있는 정부 기관이 맡기에는 너무나도 큰 과제입니다.

거대해진 국가 권력은 국민의 사소한 생활에까지 개입하고 있습니다. 그러나 명백한 사실은 국가가 사회를 통제하려고 하면 할수록 사회는 국가로부터 벗어나려 한다는 점입니다.

중국 사회가 굿 거버넌스를 실현하기 위해서 가장 먼저 풀어야 할 숙제는 사회를 국가에서 '해방'시켜야 한다는 것입니다. 국가는 사회를 위한 공간을 마련해줘야 합니다. 국가 권력은 거기에 필요한 최소한의 일만을 하면 됩니다. 국가와 사회는 법률과 정책적인 측면에서 겹치는 영역, 그리고 거기서 발생하는 문제를 제외하고는 서로의 영역을 존중해야 합니다. 각자가 법치와 자치의 길을 걸을 때 효과적인 운용이 가능해집니다.

그렇다면 국가는 어떤 방식으로 사회 공간을 마련해야 할까요? 이 점에서 국가는 사회에 넘겨줘야 할 영역을 명확하게 구분해야 합니다.

첫째, 시장을 해방시켜야 합니다. 시장경제 체제를 실시한 지난 30여 년 동안 중국은 미시 분야의 경제활동을 민간의 자율 공간으로 인정했습니다. 그러나 여기에서 그쳐선 안 됩니다. 더 높은 차원의 사회적 선치를 실현하기 위해서는 반드시 시장 활동의 독립성을 보장해야 합니다. 국가는 법과 원칙에 따라 시장을 관리하고 시장은 법규를 준수한다면 당정 기관이 시장을 간섭하는 일은 없을 것입니다. 2013년 열린 중국공산당 18차 3중 전회에서 정부는 국유 기업의 혼합소유제 방침을 확정했습니다. 그러나 혼합소유제의 범위와 수준, 소유권 문제 해결을 위한 법치화 방안 등 여전히 해결할 문제가 남아 있습니다. 저는 혼합소유제가 시장을 제재하는 수단으로 작용하지 않게 해야 한다고 주장합니다. 만일 제대로 되지 않는다면 '국가는 나아가고 국민은 물러나는(国進民退)' 현상이 더 심각해질 뿐입니다.

둘째, '조직 해방'이 필요합니다. 모래알같이 각자도생하고 있는 사회를 직장·지역·동호회 등의 공동체로 묶을 필요도 있습니다. 공공 사회에는 일반적으로 일과 생활이라는 두 개의 공간이 존재합니다. 직장인들은 당연히 자신이 속한 회사의 사규에 따르고 그 조직이 정한 직위 체제에 따릅니다. 이 밖에도 자연스럽게 파생된 사회 조직을 만들 수 있습니다. 이러한 조직은 행정 직위 체제가 아니라 상부상조하는 여가 공동체와 같습니다. 누구나 직위를 막론하고 여가 생활을 통해 업무 스트레스를 해소할 필요가 있습니다. 사람들은 자신의 취미나 흥미에 따라 특정한 사회를 조직할 권리가 있습니다. 이러한 조직은 구성원이 정한 원칙에 따라 최대한의 자유를 누리고 서로 협상하며 단체 활동을 펼쳐나가면 됩니다.

셋째, '공익 활동의 해방'입니다. 이를 통해 사람들은 서로 아끼고 돕는 자치(自治)의 천국을 마련할 수 있습니다. 국가가 나서야만 행동하는 수동적 사회에서 벗어나게 해야 합니다. 당 정부 기관 역시 자신들이 나서서 간섭했던 사회 관련 업무에서 해방되어 그들 고유의 업무에 몰두할 수 있게 해야 합니다. 사회의 자치·자활·자주 등을 촉진하면 구성원 사이에 배려와 관심이 싹틀 수 있습니다. 그것이 바로 안정된 사회, 서로 사랑하는 사회로 진입하는 지름길일 것입니다.

새로운 거버넌스 체계를 수립하는 것은 각 사회 조직이 각자의 위치에서 능력을 충분히 발휘토록 하는 데 목적이 있습니다. 이는 사회가 국가 권력이 미치지 않는 자주·자치·자율의 무질서 상태로 빠진다는 것이 결코 아닙니다.

사회 자치 체계를 구축한다는 것은 한 국가와 사회를 효과적으로 분리하고, 사회 구성원 모두가 의지할 수 있는 조직을 만드는 것입니다. 주의할 점은 일부 구성원의 자치 관리 체계가 아니라 사회 모든 구성원이 속할 수 있게 해야 한다는 점입니다.

결론적으로 말하자면 정당은 정당으로, 국가는 국가로, 협회는 협회로, 조합은 조합으로 각각의 위치에서 능력을 최대한 발휘하는 데 목적이 있습니다.

예를 들면 이렇습니다. 상공회의소(상인회)의 존재 이유는 업계의 자원을 잘 활용하자는 것이지, 결코 시장 환경을 인위적으로 바로잡는 데 있지 않습니다. 스스로가 효과적인 시장 규율을 정하고 따른다면 상인회는 질서를 갖춘 업계에서 활동할 수 있게 되고 소비자는 해당 업계를 신뢰하게 될 것입니다.

한편 정계와 학계의 사회 조직은 구분이 명확하지 않습니다. 당과 정부 기관 종사자들과 학계 인사들은 모두 '학회'라는 이름의 사회 활동을 벌이고 있습니다. 이런 관습은 재검토할 필요가 있습니다. 학회는 전문적으로 연구에 종사하는 사람들로 구성되는 조직입니다. 그렇기 때문에 정책 수립에 종사하는 당 정부 기관 공무원들은 배제되어야 마땅합니다. 그것이 학술 공동체의 당연한 모습입니다. 그러나 중국에서 전국적으로 보편화된 각종 협회의 회장은 거의 모두가 각급 당정 기관 관료들이 차지하고 있습니다. 관료들의 부업으로 인식될 정도입니다. 학회 역시 관료의 동호회 수준으로 전락했습니다. 그렇게 운영되어서는 기본적인 학술 역량이 부족해지거니와 회원들의 자발적인 활동과 열정을 끌어낼 수 없습니다.

협회는 협회로, 학회는 학회로 귀속되는 것이 맞습니다. 학회는 학자들의 자치적인 학술 공동체로 키워야 합니다. 그래야 학술 연구 수준이 높아집니다. 협회는 당정 관리들이 업무 외 시간에 모여 정책을 토론하는 조직으로 키워야 합니다. 그래야만 관리들의 업무 효율성을 높이는 데 기여할 수 있습니다. 두 조직이 각자의 위치에서 제 역할을 할 때 사회는 선진 자치 조직이 활동하는 긍정적 형태로 운영될 수 있고 선치도 가능해집니다.

지난 수십 년간 당 정부 권력 기관은 사회의 모든 일을 도맡아 왔습니다. 개혁 개방 이래 지속된 국가 독식 체제에는 이제 중대한 변화가 일어나고 있습니다. 물론 중국 국가 경제가 과거에 도약하면서 성과를 거둔 것은 부인할 수 없습니다. 그러나 이 같은 경제 활력이 국가 통치 기구의 합리성을 담보하는 것은 아닙니다. 국가의 기존 구조 자체는 변하지 않은 채 일부 미시적 조치에 힘입은 결과라고 보입니다. 지속적인 발전을 원한다면 거버넌스에 대한 철저한 구조조정이 따라야 한다는 냉혹한 현실을 직시했으면 합니다.

굿 거버넌스가 중국을 선치 국가로 만드는 데 중요한 요소라는 사실을 의심하는 사람은 없습니다. 조직적으로 경직된 사회는 강대한 국가를 지탱할 수 없습니다. 정부와 권력 기관이 사회를 속박한다는 생각을 바꿔서 이제는 안정 속 개선, 자치 촉진 등을 통해 자율의 길을 실현해야 합니다. 활력이 넘치고 질서가 있으면서도 창의성을 추구하는 사회가 있어야 중국이 지속 가능한 발전을 해나갈 수 있습니다. 현대 역사를 살펴보면 한 국가가 선진국 대열에 들어서는 보편적인 길이기도 합니다. 선진국 대열 진입을 시도하는 중국도 이 같은 흐름을 벗어날 수는 없을 겁니다.

굿 거버넌스로 국가 역량을 강화하기 위해서는 기존의 진부한 생각을 버려야 하고, 국가 발전을 구성원 공동의 과제로 여겨 적극적으로 참여시켜야 합니다. 선진국은 사회의 구성원들이 적극적으로 국가 발전의 길을 모색하도록 유도하고 참여시킵니다. 이렇게 될 때 중국은 비로소 낡은 것에서 탈피해 새로운 것을 창조하고, 나쁜 것에서 좋은 것을 찾아낼 수 있는 역량을 갖추게 될 것입니다.

물론 자치 실현이 곧 국가 권력으로부터 아무런 제재도 받지 않는다는 것을 의미하지는 않습니다. 자치 사회를 위한 제도적 지지, 정책 보장, 자원 공급이 이루어질 때 사회는 더욱 건강해지고 국가는 안정될 것입니다. 자치는 곧 굿 거버넌스로 가는 원동력이 될 것입니다.